AF246944

Macbeth

traduit par Michel Schwob

William
Shakespeare

———

Macbeth

traduit par Marcel Schwob

Bernard Grasset

Paris

Photo de couverture : © Roger Viollet

ISBN : 978-2-246-86128-7
ISSN : 0756-7170

William Shakespeare/Macbeth traduit par Marcel Schwob

William Shakespeare naît le 23 avril 1564 à Stratford, en Angleterre. En 1552, il épouse la fille d'un agriculteur, Anne Hathaway. Si aucune source ne l'indique avec certitude, la plupart de ses biographes datent son arrivée à Londres en 1590. Il écrit et fait jouer ses premières tragédies historiques, Henri VI *et* Richard III, *entre 1590 et 1593. En 1594, il publie un de ses plus fameux poèmes,* Le Viol de Lucrèce (The Rape of Lucrece), *et fonde, avec le baron Hundson, qui deviendra Lord Chambellan, une troupe de théâtre avec laquelle il montera la plupart de ses pièces. Grand officier de l'État, le Lord Chambellan avait la qualité de « censeur officier des représentations théâtrales ».* Roméo et Juliette (Romeo and Juliet) *et* Le Songe d'une nuit d'été (A Midsummer Night's Dream) *sont représentées en 1595. À partir de 1599, Shakespeare devient actionnaire du célèbre théâtre du Globe, où seront jouées nombre de ses pièces. La même année, il triomphe avec* Jules César (Julius Ceasar), Comme il vous plaira (As You Like it) *et* La Nuit des rois (Twelfth Night, Or what you will). *En 1603, le roi Jacques Ier fait des membres de la troupe du Lord Chambellan ses « Serviteurs », leur assurant une protection, des subventions ; la compagnie prend le nom des King's Men. Le Roi Lear (King Lear), Othello et Antoine et Cléopâtre (Antony and Cleopatra) sont représentées entre 1605 et 1607. En 1609, il publie les Sonnets, considérés aujourd'hui comme un chef-d'œuvre de la poésie. Il meurt le 23 avril 1616 à Stratford.*

Marcel Schwob naît le 23 août 1867 dans la région parisienne, à Chaville. Son père, Georges Schwob, propriétaire du journal de Nantes Le Phare de la Loire, *était ami des grands écrivains aussi célèbres que Théodore de Banville, Théophile Gautier et Jules Verne. Au lycée Louis-le-Grand, où il étudie, le jeune Marcel rencontre Léon Daudet et Paul Claudel, qui deviendront de proches amis. En 1887, après avoir échoué au concours de l'École normale supérieure, il s'inscrit en philosophie à la Sorbonne. À cette même époque, il écrit une* Étude sur l'argot français *et se passionne pour François Villon, qu'il admirera toute sa vie. Après ses études, il publie des contes, portraits, chroniques dans l'*Echo de Paris, *quotidien auquel collabore, entre autres, Octave Mirbeau et Jules Renard. Il publie deux premiers recueils de contes,* Cœur double *(1891), puis* Le Roi au masque d'or *(1892). À seulement vingt-cinq ans, Marcel Schwob fréquente les artistes les plus illustres de Paris : Auguste Rodin, Aristide Bruant, Paul Verlaine, Édouard Manet, Stéphane Mallarmé, Paul Valéry, Oscar Wilde. En 1894 paraît* Le Livre de Monelle, *roman fait de contes et d'aphorismes. Remy de Gourmont qualifie le livre de « chef-d'œuvre d'amour et de tristesse ». Dans* Vies imaginaires *(1896), il imagine des biographies de personnes qui n'ont pas existé. Dans sa préface, il écrit : « Le biographe n'a pas à se préoccuper d'être vrai ; il doit créer dans un chaos de traits humains. [...] Au milieu de cette grossière réunion le biographe trie de quoi composer une forme qui ne ressemble à aucune autre. » En 1900, il épouse la célèbre comédienne Marguerite Moreno. Au moment de l'Affaire Dreyfus, il écrit de nombreux articles pour défendre le capitaine humilié, ce qui lui vaut d'être* rejeté par certains, comme Léon Daudet. En 1901, il part pour Samoa, où il se recueille sur la tombe de Robert Louis Stevenson. Il meurt d'une pneumonie le 26 février 1905. Les livres de Marcel Schwob, de prose comme de poésie, ont inspiré de grands écrivains, tels Borges, Gide ou Faulkner.

Écrite en 1606, représentée pour la première fois en 1607, Macbeth est une des dernières tragédies écrites par William Shakespeare. Dans la lande écossaise, le général Macbeth rencontre des sorcières. Elles lui prédisent qu'il deviendra roi. Sous la pression de sa femme, machiavélique et ambitieuse, le valeureux général tue son souverain et prend sa place. Mais pour combien de temps ? Ce couple d'assassins ne reculera devant aucune intrigue, aucune trahison ni aucun meurtre pour garder leur trône. Y parviendront-ils ?

Il existe des dizaines de traductions en français de Macbeth. Dans les temps contemporains, elle a donné lieu à des travaux scientifiques, réalisés par des universitaires, linguistes et grammairiens, qui privilégiaient l'exactitude plutôt que l'esthétique. Voici une nouvelle traduction de ce chef-d'œuvre par un des écrivains les plus imaginatifs de la littérature française : Marcel Schwob, déjà l'auteur, avec Eugène Morand, père de Paul Morand, d'une traduction d'Hamlet paru en 1901. Ce Macbeth, publié posthume en 1923, n'avait jamais été réédité, y compris dans le volume des Œuvres de Marcel Schwob publié aux éditions des Belles Lettres en 2002. Seuls les écrivains savent traduire les écrivains. Il fallait le sens poétique et l'imagination de Schwob pour retrouver, en français, la richesse, la finesse et l'énergie du texte de William Shakespeare.

PERSONNAGES

DUNCAN	*roi d'Écosse*
MALCOLM, DONALBAIN	*ses fils*
MACBETH, BANQUO	*généraux : de l'armée du roi*
MACDUFF, LENNOX, ROSS, MENTETH, ANGUS, CAITHNESS	*nobles écossais*
FLÉANCE	*fils de Banquo*
SIWARD	*Comte de Northumberland, général de l'armée anglaise*
SIWARD **le jeune,**	*son fils*
SEYTON	*un officier attaché à la suite de Macbeth*
UN JEUNE ENFANT	*le fils de Macduff*
UN MÉDÉCIN ANGLAIS	
UN MÉDECIN ÉCOSSAIS	
UN SOLDAT	
UN PORTIER	
UN VIEILLARD	
LADY MACBETH	
LADY MACDUFF	
DAME NOBLE	*attachée à la suite de Macbeth*
TROIS SORCIÈRES	

APPARITIONS *(Spectre de Banquo ; Fantôme ; Fantôme de l'enfant couronné ; cortège de huit rois).*

SEIGNEURS, GENTILSHOMMES, OFFICIERS, SOLDATS, ASSASSINS, SERVITEURS ET MESSAGERS.

La scène est en Écosse et en Angleterre.

ACTE PREMIER

SCÈNE PREMIÈRE

Une lande déserte. — Tonnerre et éclairs.
Entrent Trois Sorcières

PREMIÈRE SORCIÈRE. — À quand, nous trois, vente, grêle ou foudroie ?

SECONDE SORCIÈRE. — Après l'issue du grand tohu-bohu, après la bataille gagnée ou perdue.

TROISIÈME SORCIÈRE. — Avant le soleil couchant descendu.

PREMIÈRE SORCIÈRE. — Où se trouver ?

SECONDE SORCIÈRE. — Sur la lande.

TROISIÈME SORCIÈRE. — Là, qu'on attende Macbeth.

PREMIÈRE SORCIÈRE. — Je viens, Grisemine.

SECONDE SORCIÈRE. — Mon crapaud m'appelle.

TROISIÈME SORCIÈRE. — Nous voilà.

TOUTES TROIS. — Beauté en hideur, hideur en beauté, flottons par la brume et par l'air souillé. (*Elles sortent.*)

SCÈNE II

Un camp près de Forres. Fanfares au-dehors.
Entrent Duncan, Malcolm, Donalbain, Lennox et leur suite.
À leur rencontre vient un Sergent d'armes blessé.

DUNCAN. — Quel est cet homme si sanglant ? Il doit pouvoir dire, si on en juge par son aspect, où en est à cette heure la révolte.

MALCOLM. — C'est le sergent d'armes qui, en bon et hardi soldat, s'est battu pour moi quand j'étais pris. Holà, mon brave, viens dire au Roi ce que tu sais de la bataille, quand tu la quittas !

LE SERGENT D'ARMES. — Douteuse, en suspens, comme deux nageurs las dont l'étreinte mutuelle, étouffe l'effort. L'impitoyable Macdonald – qu'il est digne d'être rebelle tant les multiples vilenies de la nature l'aiguillonnent de leur essaim, – s'appuie sur ses renforts des îles d'Occident, routiers et porteurs de vouges ; la Fortune, catin de félon, sourit à sa traîtresse querelle ; mais c'est en vain ! Macbeth le hardi – ô nom bien mérité, – dédaigneux de la Fortune, de sa lame d'acier brandie, fumante de sang et de carnage, semblant le mignon de Bellonne, se tailla passage jusqu'au rustre, face à face, et d'attaque, sans lâcher prise, le décousit des tripes aux mandibules et cloua sa tête à nos créneaux !

DUNCAN. — Ô le vaillant cousin, l'excellent seigneur !

LE SERGENT D'ARMES. — Mais comme de la première rougeur du soleil éclate la naufrageuse tempête et l'orage sinistre, ainsi la source salutaire s'enfle, dévastatrice ! Écoute, ô roi d'Écosse, écoute ! À peine la justice, la valeur à son côté, eut fait tourner talons aux routiers fugitifs, que le Sire de Norvège, aux aguets, toutes armes fourbies, lance de nouveaux renforts et recommence l'assaut.

DUNCAN. — Voilà pour décourager nos capitaines, Macbeth et Banquo !

LE SERGENT D'ARMES. — Oui, comme des moineaux effarent un aigle, ou le lièvre un lion. Ils semblaient, à dire vérité, deux canons bourrés à double charge, tant ils doublaient et redoublaient sur l'ennemi leurs coups ; voulaient-ils se plonger dans des bouillons de sang, ou consacrer par leur massacre un nouveau Golgotha, je ne sais ?… mais je succombe… mon sang crie "au secours !"

DUNCAN. — Tes paroles te seyent autant que tes blessures ; toutes deux respirent l'honneur. Qu'on amène des médecins. (*Le sergent d'armes sort.*) Qui vient là ? (*Entre Ross.*)

MALCOLM. — Le noble captal de Ross.

LENNOX. — Quelle hâte fait flamber ses yeux ? Comme un qui brûle de révéler une étrange nouvelle.

ROSS. — Dieu garde le Roi !

DUNCAN. — D'où venez-vous, noble captal ?

ROSS. — De Fife, grand roi, où les bannières de Norvège claquent aux quatre vents du ciel et jettent sur le peuple un écran de glace. Norvège lui-même, nombreux et terrible, aidé de ce traître très déloyal, le captal de Cawdor, engagea le noir combat. Et le fiancé de Bellone, fort de son armure, le rencontra et l'affronta en égal, pointe à pointe rebelle, bras à bras, dompta ses sursauts, et, pour conclure, la victoire nous demeura.

DUNCAN. — Ô bonheur !

ROSS. — Si bien que Sweno, roi de Norvège, implore capitulation ; et nous ne daignâmes lui accorder d'enterrer ses morts, jusqu'à ce qu'il eut déboursé, dans l'île Saint Colm, dix mille dollars à nos profits communs.

DUNCAN. — Il ne faut plus que ce captal de Cawdor trompe nos affections intimes. Prononcez sur-le-champ son jugement à mort, et du titre qu'il portait, allez saluer Macbeth.

Ross. — J'y veillerai.

Duncan. — Ce qu'il a perdu, le noble Macbeth le gagne. (*Ils sortent.*)

SCÈNE III

Une lande. L'orage.
Entrent les Trois Sorcières

Première Sorcière. — D'où viens-tu, ma sœur ?

Seconde Sorcière. — J'ai tué des porcs.

Troisième Sorcière. — Et toi, ma sœur, d'où ?

Première Sorcière. — À croppetons, la femme d'un matelot mangeait des châtaignes ; elle mâchonnait, mâchonnait, mâchonnait. — "Donne-moi", lui dis-je. — "Arde, sorcière", crie la trogne gloutonne. Son mari, patron du Tigre, vogue vers Alep : mais dans un crible y volerai, et comme un rat à la queue coupée, travaillerai, travaillerai, travaillerai.

Seconde Sorcière. — Je te donnerai le vent du noroit.

Première, Sorcière. — Merci à toi.

Troisième Sorcière. — À moi un autre.

Première Sorcière. — J'ai, moi-même, tous les autres ; ils soufflent jusqu'au fond des havres, aux quatre coins du compas du marin, pour l'essorer sec comme foin ; jamais, ni nuit ni jour dormir ; jamais paupière en appentis ; il vivra comme un interdit ; longues semaines, neuf neuvaines, son corps labourerai de peines ; sa nef ne doit être perdue ; mais elle sera des flots battue. Regarde, là.

Seconde Sorcière. — Fais voir, fais voir !

Première Sorcière. — Le pouce d'un pilote noyé sur son retour.

Troisième Sorcière. — Écoute, le tambour, écoute ! Macbeth est en route.

Permière Sorcière. — Sœurs de mal heur, main en main, chevauchant par la terre et l'onde, ainsi faisons la ronde, la ronde. Trois à toi, et trois à moi, et trois à tout, c'est neuf au bout. Paix, paix, le charme est fait. (*Entrent Macbeth et Banquo.*)

Macbeth. — De ma vie, je n'ai vu si laide et si glorieuse journée.

Banquo. — Quelle distance compte-t-on jusqu'à Forres ? Qui sont ces créatures, si flétries, et de hardes si étranges ? elles ne semblent pas habitantes de la terre, et pourtant elles y marchent. Êtes-vous vivantes ? Êtes-vous chose qu'homme puisse interroger ? Vous paraissez me comprendre. Chacune, d'un accord, posa son doigt grivelé sur ses lèvres fanées ; vous êtes sans doute des femmes, et pourtant ces mentons poilus me défendent de vous déclarer telles.

Macbeth. — Parlez donc, si vous le pouvez : qu'êtes-vous ?

Première Sorcière. — Ô gloire, Macbeth, gloire à toi, captal de Glamis.

Seconde Sorcière. — Ô gloire, Macbeth, gloire à toi, captal de Cawdor.

Troisième Sorcière. — Ô gloire, Macbeth, gloire à toi qui un jour seras roi !

Banquo. — Cher seigneur, pourquoi tressaillir et sembler en frayeur pour choses qui ont un si doux son ? Au nom de tout ce qui est vrai, vivez-vous dans l'imagination, ou si réellement vous êtes telles que vous vous montrez ? À mon noble compagnon vous prédites grâces présentes et grandes promesses de haut état et d'espérances royales, tant qu'il semble entré en ravissement; à moi vous ne parlez point. Si vous savez regarder dans les germes de l'avenir, quel grain croîtra et quel demeurera stérile? parlez-moi donc, à moi qui n'implore ni ne crains vos faveurs ni votre haine.

PREMIÈRE SORCIÈRE. — Gloire!

SECONDE SORCIÈRE. — Gloire!

TROISIÈME SORCIÈRE. — Gloire!

PREMIÈRE SORCIÈRE. — Moindre que Macbeth, et plus grand!

SECONDE SORCIÈRE. — Non tant heureux, mais beaucoup plus heureux!

TROISIÈME SORCIÈRE. — Tu seras père de rois, mais roi tu ne seras point. Par ainsi, gloire à vous, Macbeth, Banquo!

PREMIÈRE SORCIÈRE. — Macbeth et Banquo, gloire!

MACBETH. — Restez, prophétesses réticentes, vite parlez plus clair! Par la mort de Sinal, je le sais, je suis captal de Glamis – mais de Cawdor – comment? Le captal de Cawdor est vivant, seigneur en puissance – et, pour être roi, ce n'est pas plus dans les limites du possible que d'être captal de Cawdor. Dites, d'où tenez-vous cette étrange information – et pourquoi, sur cette lande décriée, arrêtez-vous notre marche pour clamer ces prédictions? Parlez, je vous l'ordonne! (*Les sorcières disparaissent.*)

BANQUO. — La terre forme des bulles, comme l'eau : et celles-ci étaient telles. Où ont-elles disparu?

MACBETH. — Dans l'air et ce qui semblait leur corps s'est fondu comme l'haleine au vent. Ah, que ne sont-elles restées!

BANQUO. — Étaient-ils là, vraiment, ces êtres dont nous parlons ou avons-nous mangé l'herbe de folie qui captive la raison?

MACBETH. — Vos enfants seront rois.

BANQUO. — Vous serez roi.

MACBETH. — Et captal de Cawdor ; est-ce bien cela ?

BANQUO. — C'est cela ; même air, même chanson. Qui va là ? (*Entrent Ross et Angus.*)

ROSS. — Le roi a reçu en grande joie, Macbeth, la nouvelle de ton succès ; et quand on lui apprend les prouesses de ta personne parmi les rangs rebelles, tant son propre étonnement balance son admiration pour toi qu'il demeure silencieux ; puis, dans sa revue de la même journée, il te trouve au milieu des durs bataillons de Norvège, impassible parmi les terreurs que tu as soulevées, étranges images de mort. Poste sur poste, les bulletins pleuvaient comme la grêle : chacun lui portait des éloges pour ta vaillante défense de son royaume et les répandait devant lui.

ANGUS. — Nous sommes délégués seulement pour te présenter les remercîments de notre royal maître, et t'introduire devant lui : nous n'avons pas charge de la récompense.

ROSS. — Mais à titre d'arrhes pour des honneurs plus grands, il m'a mandé de te saluer de par lui, captal de Cawdor ; salut en ce nom, très noble captal ; c'est désormais le tien.

BANQUO, *à part.* — Quoi ? le diable peut dire vrai ?

MACBETH. — Le captal de Cawdor est vivant : pourquoi me revêtir du manteau d'un autre ?

ANGUS. — Celui qui fut le captal vit encore ; mais il traîne cette vie, qu'il mérite de perdre, sous un jugement fatal. Était-il allié aux gens de Norvège, a-t-il fourni les rebelles de renforts et de moyens secrets, a-t-il pratiqué des deux parts pour ruiner son pays, je ne sais ; mais ses trahisons capitales, confessées et prouvées, l'ont renversé.

MACBETH, *à part.* — Glamis, et captal de Cawdor ! la dernière grandeur est à venir. Merci de vos peines. (*À Banquo.*) N'espérez-vous pas que vos enfants seront rois, puisque celles qui m'ont fait captal de Cawdor ne leur ont pas promis moins ?

BANQUO. — Alors, si on y prêtait foi, vous oseriez maintenant voir luire devant vous la couronne, après le nom de Cawdor. Mais c'est très étrange ; et souventes fois, pour nous gagner au mal, les suppôts des ténèbres prédisent juste, nous séduisent par d'honnêtes vétilles jusqu'à nous engager dans la profondeur de suites ignorées. Mes cousins, un mot, je vous prie.

MACBETH, *à part.* — Deux vérités prononcées, deux annonciatrices radieuses d'une action surgissante dont le centre est l'empire ! – Messieurs, je vous remercie. – (*À part.*) Cette sollicitation surnaturelle, ce ne peut être le mal, ce ne peut être le bien. Si c'est le mal, pourquoi m'avoir donné un avantage solide, fondé sur une vérité ? Je suis captal de Cawdor. Si c'est le bien, pourquoi cette toute puissante suggestion dont l'image effroyable horripile mes cheveux, déloge mon cœur, le choque contre mes côtes, et rompt sa course de nature. Comme la terreur présente est plus faible que l'imagination de l'horreur ! Ma pensée, où l'assassinat n'est encore qu'en fantaisie, ébranle à ce point l'unité de mon être que tous mes sens sont étouffés par le rêve, et rien n'est que ce qui n'est pas.

BANQUO. — Voyez l'extase où est notre compagnon.

MACBETH. — Si le destin veut me faire roi – quoi – le destin peut me couronner sans que je bouge !

BANQUO. — Les nouveaux honneurs qui fondent sur lui ressemblent à ces vêtements peu familiers qui ne se modèlent sur nous que par l'usage.

MACBETH, *à part.* — Advienne que pourra, le temps vient à point, l'heure fût-elle mauvaise.

BANQUO. — Noble Macbeth, nous attendons votre loisir.

MACBETH. — Daignez en grâce m'excuser : j'avais le cerveau lourd, et tout travaillé d'affaires négligées.

Messieurs mes amis, vos peines sont désormais inscrites sur une page que je relirai chaque jour. Allons trouver le roi. (*À part à Banquo.*) Songez à notre aventure et quand nous serons libres, après l'avoir mûrement pesée, je veux que nous en parlions ensemble à cœur ouvert.

BANQUO. — Le plus volontiers du monde.

MACBETH. — Jusque-là, silence. Venez, mes amis. (*Ils sortent.*)

SCÈNE IV

Forres. Le Palais.

Fanfare. Entrent Duncan, Malcolm, Donalbain, Lennox et leur suite.

DUNCAN. — La sentence de Cawdor est-elle exécutée ? Ceux qui en ont commission ne sont-ils point encore revenus ?

MALCOLM. — Mon lige, ils ne sont pas encore de retour. Mais j'ai vu un témoin de sa mort, et il m'a rapporté que bien librement il avait confessé ses trahisons, imploré le pardon de Votre Altesse et montré un profond repentir ; rien dans sa vie n'a été si digne que la façon dont il l'a quittée ; il est mort en homme qui se serait exercé à mourir, et à jeter son joyau le plus cher comme la plus vaine des babioles.

DUNCAN. — Il n'y a point d'art pour faire induction de l'âme par le visage. C'était un gentilhomme en qui j'avais fondé une confiance absolue. (*Entrent Macbeth, Banquo, Ross et Angus.*) Ô très noble cousin ! Dans cet instant même le remords de mon ingratitude me pesait lourdement : tu es allé si haut que la récompense, de son aile la plus rapide, a peine à te rejoindre. Je voudrais que tes mérites fussent moindres : alors la proportion de ce qui t'est dû et de ce que je te donne serait plus juste. Et il me reste seulement à dire ceci : je te dois trop, il faudrait plus que tout pour te payer.

MACBETH. — Le service et la loyauté dont je suis redevable se payent par leur accomplissement même. C'est le rôle de Votre Altesse qu'elle reçoive nos devoirs ; et nos devoirs envers votre trône et l'État sont comme des fils et des serviteurs ; quand ils ont tout fait, ils n'ont fait que leur dû, sauf toujours et partout votre amour et honneur.

DUNCAN. — Sois ici le bienvenu ; tu seras comme un arbre que j'ai planté, et que je tâcherai de faire grandir et s'étendre. Noble Banquo, tes mérites ne sont pas moindres et il est juste qu'ils soient reconnus tels ; viens ça, que je t'embrasse et que je te presse sur mon cœur.

BANQUO. — Si sa chaleur féconde ma fortune, je vous en offre d'avance les fruits.

DUNCAN. — Mes joies trop pleines débordent et se muent en une douloureuse pluie de larmes. – Fils, cousins, capitaines, et vous tous, mes proches officiers, sachez que nous établissons l'État sur notre fils aîné, Malcolm, qui d'ores en avant sera nommé prince de Cumberland ; auquel honneur il n'accédera pas, Messieurs, sans compagnie ; autour de lui brilleront comme des étoiles sur tous ceux qui sauront les mériter, les marques de noblesse. – (*à Macbeth,*) Nous voulons d'ici nous rendre à Inverness et resserrer les liens qui déjà nous attachent.

MACBETH. — Il n'y a de peine que hors le service de votre grâce. Moi-même, je veux être le héraut de votre venue, et donner à ma femme la joie de lui annoncer votre approche. Ainsi, très humblement, je prendrai congé.

DUNCAN. — Mon noble Cawdor !

MACBETH, *à part.* — Prince de Cumberland ! voilà un degré qui va me faire trébucher ou qu'il faut que j'enjambe : il est en travers de ma route. Astres, cachez vos feux, que la lumière ne voie la profonde noirceur de mes désirs ! Les yeux fermés, laissez aller la main ; laissez faire la chose qui, faite, emplira d'horreur les yeux.

DUNCAN. — Vous dites vrai, noble Banquo ; sa vaillance est extrême ; on m'abreuve de ses éloges, et je m'en délecte. Allons, il faut le suivre puisqu'il a voulu nous devancer pour nous souhaiter la bienvenue ; excellent, incomparable cousin ! (*Fanfare. Ils sortent.*)

SCÈNE V

Inverness. Une salle du château de Macbeth
Entre Lady Macbeth, qui lit une lettre.

LADY MACBETH. — "Elles me rencontrèrent au jour du succès, et j'ai appris par information très certaine qu'elles ont en elles plus que science humaine. Dans l'instant que je brûlais du désir de les interroger plus avant, elles se muèrent en air, et s'y évanouirent. Tandis que l'étonnement me tenait ravi, arrivèrent des messages du roi qui me proclamaient "captal de Cawdor", titre par lequel, tout justement avant, ces fatales sœurs m'avaient salué ; ensuite, me renvoyant au temps à venir, crièrent : "Gloire, tu seras roi". Voilà ce que j'ai cru bon de te mander, chère partenaire de nos grands espoirs, afin que tu ne puisses perdre la joie qui te revient par l'ignorance où tu serais de la grandeur qui t'est promise. Mets-la contre ton cœur, et adieu".

Glamis, tu l'es ; et tu es Cawdor, et tu seras ce qui t'a été promis. Pourtant je crains ta nature. Elle est trop pleine du lait de la douceur humaine pour happer le chemin le plus court ; tu voudrais être grand, tu ne manques pas d'ambition, mais tu manques de la perversion qu'il y faudrait joindre ; ce que tu voudrais hautement, tu le voudrais saintement ;

tu ne voudrais pas piper au jeu et pourtant tu voudrais gagner à toute force ; tu voudrais tenir, grand Glamis, tout ce qui te crie : "Voilà comme il faut faire pour m'obtenir", et tu as la peur de le faire, et la crainte que ce ne soit pas fait. Hâte-toi, viens çà, que j'instille mon vouloir dans ton oreille, que je lacère par la violence de mon langage tout ce qui s'écarte de ce cercle d'or dont le destin et les puissances transcendantales semblent vouloir te couronner. (*Entre un messager.*) Quelles nouvelles apportes-tu ?

LE MESSAGER. — Le roi arrive ici ce soir.

LADY MACBETH. — Tu es fou ? Que dis-tu ? Ton maître n'est-il pas avec lui ? Si c'était vrai, il m'aurait avertie pour les préparatifs.

LE MESSAGER. — Plaise à votre grâce, c'est vrai ; notre seigneur captal arrive ; un de mes camarades l'a devancé à toute vitesse ; il pâme presque, à perte d'haleine, c'est tout ce qu'il a pu dire.

LADY MACBETH. — Qu'on prenne soin de lui. Il apporte de grandes nouvelles. (*Le messager sort.*) Le corbeau même est rauque, qui croasse l'entrée fatale de Duncan sous l'ombre de mes créneaux. Accourez, pouvoirs qui gouvernez les pensers mortels ; ici, désexez-moi ! emplissez-moi, du chef aux pieds, rouge-bord, de cruauté hideuse ; engluez mon sang ; fermez les écluses qui donnent passage au remords, crainte que des accès de scrupules naturels ébranlent mon projet sinistre ; ni paix ni repos entre l'idée et l'acte ! Saisissez mes seins de femme, et tournez mon lait en fiel, suppôts de l'assassinat, où que vous soyez, en votre invisible substance, vous qui servez le mal en ce monde ! Viens, nuit opaque, drape-toi des fumées fuligineuses d'enfer, que le tranchant de ma lame ne voie pas la blessure qu'elle inflige, ni que le ciel darde ses yeux sous la courtepointe des ténèbres pour crier : "Holà ! holà !" (*Entre Macbeth*). Grand Glamis ! noble Cawdor ! plus grand encore par le glorieux salut de l'avenir ! Tes lettres m'ont transportée au-delà du présent qui ignore, et voici que j'éprouve le futur dans l'instant !

MACBETH. — Ma très chère âme, Duncan arrive ici cette nuit.

LADY MACBETH. — Et il repart ?

MACBETH. — Demain, à ce qu'il pense.

LADY MACBETH. — Ô jamais le soleil ne verra ce lendemain ! Votre figure, mon captal aimé, semble un livre où certaines gens liraient bien des choses étranges. Pour tromper le temps, soyez semblable au temps : ayez la bienvenue aux yeux, sur la main, à la bouche ; soyez semblable à la fleur innocente, mais soyez le serpent, qui dort dessous. Il faut qu'on prépare le service de celui qui arrive ; et vous allez livrer à ma tâche la grande œuvre de cette nuit par laquelle toutes nos nuits, tous nos jours du temps futur régneront en leur souveraineté suprême et seule maîtrise.

MACBETH. — Nous en reparlerons.

LADY MACBETH. — Seulement gardez le regard clair. Changer de visage, c'est éternellement craindre, tout le reste, laissez-le-moi.

SCÈNE VI

Devant le château de Duncan

Entrent joueurs de hautbois et porteurs de torches, Duncan, Malcolm, Donalbain, Banquo, Lennox, Macduff, Ross, Angus et leur suite.

DUNCAN. — Que le site de ce château possède de charme ! L'air vif et doux enveloppe et caresse les sens.

BANQUO. — Voyez le passant de l'été, le martinet qui hante les maisons saintes, qui s'attache là où il aime ; il sait bien qu'ici l'haleine du ciel est suave et parfumée ; sous les corniches, les frises, les encorbellements, pas de saillie en niche où cet oiseau n'aille faire le berceau de ses petits et pendre son lit frêle ; là où ils hantent et couvent, je l'ai remarqué, l'air est exquis. (*Entre Lady Macbeth.*)

DUNCAN. — Voici venir notre gracieuse hôtesse. L'amour qui s'impose est parfois importun ; mais encore devons-nous remercier l'amour. Voici donc qu'il vous faut rendre grâces à Dieu, parce que nous vous imposons de la peine, et nous remercier de vos fatigues.

LADY MACBETH. — Tous nos services, fussent-ils chacun double, puis redouble encore, seraient pauvres et faibles pour compenser les honneurs profonds et immenses dont Votre Majesté charge notre maison ; pour ceux du passé, pour les dignités récentes qu'Elle daigna y ajouter, nous demeurons en son humble dévotion.

DUNCAN. — Où est le captal de Cawdor ? Nous l'avons serré de près, sur les talons et cuidions lui servir de four-riers : mais il chevauche grand train, et son fort amour, acéré comme son éperon, l'a mené au gîte avant nous. Noble et belle hôtesse, nous nous remettons à votre hos-pitalité cette nuit.

LADY MACBETH. — Nous sommes vos serviteurs, à jamais ; nos gens, nos corps, nos biens, ne sont qu'un dépôt dont nous devons compte au gré de Votre Altesse pour les lui rendre comme siens.

DUNCAN. — Veuillez me donner votre main et me conduire vers mon hôte ; nous l'aimons au plus haut point et nous lui continuerons nos grâces. Par votre permission, notre hôtesse… (*Ils sortent.*)

SCÈNE VII

Le château de Macbeth

Joueurs de hautbois et porteurs de torches. Entrent un écuyer servant et autres officiers de table avec de la vaisselle plate et des pièces de service. Ils traversent la scène. Ensuite entre Macbeth.

MACBETH. — Si une fois fait, quand ce sera fait, c'était fait pour toujours… Ce serait fait vite ; si le meurtre entravait ses conséquences et son accomplissement agrippait le succès ; si ce coup seulement était commencement et fin de tout, rien qu'ici, rivage et fleuve du temps, je me précipiterais dans la vie à venir. Mais dans ces cas-là nous trouvons toujours ici-bas, sentence ; ainsi nous enseignons de sanglantes leçons qui retournent enseignées frapper leur inventeur. Cette justice, à la main pondérée, présente à nos propres lèvres les mixtures de notre calice empoisonné. Ici double sauvegarde ; d'abord je suis son proche et vassal, deux fortes choses contre l'action ; puis la qualité d'hôte. Ainsi je devrais verrouiller la porte contre le meurtrier, ne pas porter moi-même le couteau. En outre ce Duncan a si doucement exercé son pouvoir, il fut si candide dans son haut ministère, que ses vertus clameront comme des anges, sonneurs de trompettes, contre la profonde damnation de le faire disparaître ; et Pitié, semblable à l'enfant nouveau-né enfourchant tout nu l'ouragan, au céleste chérubin qui chevauche les invisibles coursiers de l'air, soufflera l'horrible action dans tous les yeux et jusqu'à noyer de larmes le vent. Je n'ai pas d'éperons pour piquer les flancs de mon vouloir, mais seulement l'ambition qui bondit, se surpasse et retombe. (*Entre Lady Macbeth.*) Eh bien, quelles nouvelles ?

LADY MACBETH. — Il a presque fini de souper… pourquoi avez-vous quitté la salle ?

MACBETH. — M'a-t-il demandé ?

LADY MACBETH. — Ne le savez-vous pas ?

MACBETH. — Nous n'irons pas plus loin dans cette affaire. Récemment, il m'a fait honneur ; j'ai acquis les opinions dorées de toutes sortes de gens qu'il convient maintenant de porter dans leur jeune éclat et non de rejeter si vite.

LADY MACBETH. — Était-elle ivre l'espérance dans laquelle vous vous drapiez ? A-t-elle dormi depuis pour s'éveiller maintenant verte et blafarde au regard de ce qu'elle a volontairement décidé ? maintenant je ferai tel cas de ton amour. Crains-tu dans tes actes et résolutions d'être le même que dans ton désir ? Voudrais-tu posséder ce que tu estimas l'ornement de la vie, et vivre lâchement dans ta propre estime, laissant un *je n'ose pas* suivre un *je voudrais*, tel le pauvre chat de l'adage :

Minet aime les poissons mais n'ose se mouiller les pattes.

MACBETH. — Paix, je t'en prie. J'ose tout ce qui convient à un homme ; qui ose au-delà n'en est plus un.

LADY MACBETH. — Quelle était donc la bête qui vous força jadis à me confier cette entreprise ? Quand vous l'avez osé, alors vous étiez un homme ; maintenant pour être plus que vous n'étiez, vous seriez d'autant plus homme. Ce n'était ni le temps ni le lieu ; cependant vous vouliez les créer tous deux. Ils se sont faits d'eux-mêmes et leur concordance vous annihile. J'ai donné le sein et je sais combien c'est tendre d'aimer l'enfançonnet qui me tette ; j'aurais, tandis qu'il souriait à mon visage, arraché de ses gencives molles la pointe de mon sein, fait jaillir la cervelle, si j'avais ainsi juré comme vous avez juré en cela.

MACBETH. — Si nous allions échouer?

LADY MACBETH. — Nous, échouer! Vissez seulement votre courage à fond et nous n'échouerons pas. Lorsque Duncan sera endormi (à quoi sa dure étape l'invitera vite et profondément) je convaincrai bientôt ses deux suivants de chambre avec vin et hypocras en sorte que mémoire, gardienne de leur cervelle, ne sera que fumée et le récipient de leur raison un alambic. Quand dans le sommeil du porc leurs personnes tomberont submergées, comme dans la mort, que ne pourrons-nous, vous et moi, parachever sur Duncan sans gardes? De quoi ne pas charger ses officiers spongieux? Qui portera mieux le faix de notre grand meurtre?

MACBETH. — Enfante seulement des enfants mâles! car le coin de ta matrice intrépide ne doit frapper que des mâles… Sera-t-il pas patent, quand nous aurons marqué de sang les deux dormeurs de sa chambrée et usé de leurs propres dagues, que ce sont eux qui firent la chose?

LADY MACBETH. — Qui l'admettrait autrement quand sur sa mort nous rugirons griefs et clameurs?

MACBETH. — C'est décidé et je tendrai chaque ressort de mon corps vers ce terrible exploit. Allons et trompons notre monde par la plus nette apparence. Un faux visage doit cacher ce que sait un faux cœur. (*Ils sortent.*)

Rideau

ACTE DEUXIÈME

SCÈNE PREMIÈRE

Inverness. Une cour du château de Macbeth
Entre Banquo, précédé de Fleance, qui porte une torche

BANQUO. — Où en est la nuit, mon gars ?

FLEANCE. — La lune est couchée. Je n'ai pas entendu sonner l'heure.

BANQUO. — Et elle se couche sur la minuit.

FLEANCE. — Pour moi, il est plus tard, mon père.

BANQUO. — Tiens, prends mon épée. – On rogne la dépense, au ciel : ils ont soufflé toutes leurs chandelles. – Tiens, ceci encore ; prends. Une lourde contrainte pèse sur moi comme un plomb ; et pourtant je voudrais ne pas dormir. Pouvoirs célestes, réfrénez en moi les infernales idées auxquelles la nature se livre, pendant le repos ! (*Entre Macbeth, et un serviteur, qui porte une torche.*) Donne-moi mon épée ! Qui va là ?

MACBETH. — Ami.

BANQUO. — Quoi, messire, debout encore ? Le roi est au lit ; il a montré un extraordinaire plaisir, et fait envoyer grandes largesses à tous vos officiers ; voici un diamant qu'il offre à votre femme, laquelle il déclare sa très douce hôtesse. Bref il s'est retiré en un contentement inimaginable.

MACBETH. — Surpris à l'improviste, nos soins ont subi la loi de nécessité, sans quoi, plus libres, ils eussent pu faire davantage.

Banquo. — Tout fut parfait. J'ai rêvé la nuit dernière des trois mornes sœurs. Pour vous, elles ont montré quelque vérité.

Macbeth. — Je ne songe pas à elles. Pourtant, quand vous pourrez perdre une heure à notre service, nous voudrions l'employer à parler plus à plein de cette affaire, si vous daignez en trouver le temps.

Banquo. — Au gré de votre loisir.

Macbeth. — Tenez-vous à notre entente, quand l'heure viendra, et vous n'y trouverez que bien honorable.

Banquo. — Pourvu que je n'en perde point, cherchant à l'accroître, mais que je puisse garder ma franchise de cœur, ma pureté d'allégeance, je me laisserai conseiller.

Macbeth. — Bon repos, en attendant.

Banquo. — Merci, messire, à vous de même. (*Banquo et Fleance sortent.*)

Macbeth. — Va, prie ta maîtresse, quand mon vin sera prêt, qu'elle frappe sur la cloche. Va-t-en au lit. (*Le serviteur sort.*) Est-ce une dague que je vois là, devant moi, la poignée vers ma main ? Ça, que je t'agrippe. Je ne te tiens pas, et je te vois toujours. N'es-tu pas, vision fatale, sensible aux mains ainsi qu'aux yeux ? Ou n'es-tu qu'une dague de la fantaisie, une création fausse, engendrée par réchauffement de la cervelle ? Je te vois encore, en forme aussi palpable que celle-ci qu'à cette heure je tire. Tu es la maréchale de la route que j'allais prendre ; c'est d'un tel instrument que j'allais user. Mes yeux sont les dupes de mes autres sens… ou bien ils les valent tous ! Je te vois toujours ; et sur ta lame et ta rouelle, des gouttes de sang – qui n'y étaient pas tout à l'heure. – Non, tout cela n'est pas ; c'est l'œuvre sanglante qui veut prendre forme devant mes yeux. À cette heure, par la moitié de notre monde, la nature semble morte, et les mauvais rêves se glissent aux courtines du sommeil ; le Sortilège célèbre ses offrandes à la pâle Hécate ; et le

Crime maigre, au cri d'alarme du Loup, sa sentinelle, qui hurle aux veillées de la nuit, rampe ainsi cauteleux, comme Tarquin en son rapt, et vers son but glisse comme un spectre. Ô toi, terre fixe et certaine, n'écoute point mes pas, ni où ils vont, crainte que tes pierres mêmes ne crient : "Il est là" et ne troublent l'horreur qui entoure cette heure. Pendant que je hâble, il est vivant ! Les mots soufflent une haleine froide sur la chaleur d'agir. (*Coup de cloche.*) J'y vais – et c'en est fait – la cloche m'appelle. Ne l'écoute pas Duncan ; elle t'envoie au ciel ou à l'enfer : car c'est ton glas. (*Il sort.*)

SCÈNE II

Entre Lady Macbeth

LADY MACBETH. — Ce qui leur a donné l'ivresse, m'a donné la force ; ce qui leur a ôté la soif, m'a versé du feu. Écoute ! Paix ! C'était le cri du hibou, le sonneur fatal, qui dit bonne nuit à jamais… Il est en train : les portes sont ouvertes, et les valets, gorgés, ronflent et narguent leur office ; j'ai drogué leur vin chaud tant que mort et nature sont en lutte à qui vivra mourra.

MACBETH, *à l'intérieur.* — Qui est là ? Quoi, ho !

LADY MACBETH. — Hélas, j'ai peur… s'ils se sont éveillés… si rien n'est fait – la tentative nous perd – non la chose. Écoute ! J'ai placé leurs dagues, toutes prêtes ; il ne peut les avoir manquées. S'il n'avait pas ressemblé à mon père, là, endormi, je l'aurais fait, mon mari. (*Entre Macbeth.*)

MACBETH. — Je l'ai fait. C'est fait. N'as-tu pas entendu un bruit ?

LADY MACBETH. — J'ai entendu la chouette qui chouait et les grillons qui criaient.

MACBETH. — N'as-tu pas parlé ?

LADY MACBETH. — Quand ? Là ?

MACBETH. — Comme je descendais…

LADY MACBETH. — Oui.

MACBETH. — Écoute… Qui couche dans la seconde chambre ?

LADY MACBETH. — Donalbain.

MACBETH. — Voilà un triste spectacle. (*Il regarde ses mains.*)

LADY MACBETH. — Sotte pensée que de dire "triste spectacle".

MACBETH. — Il y en avait un qui riait en dormant et qui criait : "À l'assassin" tant qu'ils se réveillèrent l'un l'autre ; j'étais là, debout, et je les entendais. Et puis ils se mirent à faire leurs prières et se tournèrent pour se rendormir.

LADY MACBETH. — Ça en fait deux logés à la même enseigne.

MACBETH. — Il y en avait un qui criait : "Dieu nous fasse grâce", l'autre répondait : "Amen", on eût dit qu'ils me voyaient là, avec ces mains de bourreau, l'oreille tendue à leur terreur. Je n'ai pas pu dire : "Amen" quand ils disaient : "Dieu nous fasse grâce".

LADY MACBETH. — N'ayez donc pas des scrupules si profonds.

MACBETH. — Mais pourquoi n'ai-je pas pu prononcer le mot "Amen" – moi qui avais tant besoin de grâce – et l' "Amen" est resté là, collé au fond de ma gorge.

LADY MACBETH. — Ces choses-là, il ne faut pas y penser comme tu fais ; il y aurait de quoi nous rendre fous.

MACBETH. — Il me semblait entendre une voix qui criait : "Le sommeil est mort", "Macbeth assassine le sommeil", le sommeil innocent, qui va ravaudant la robe trouée de la Peine, qui fait mourir notre vie quotidienne, bain de repos du dur labeur, baume de l'âme blessée, rafraîchissement de la grande nature, substantifique moelle du banquet de la vie…

Lady Macbeth. — Que veux-tu dire ?

Macbeth. — Et la voix criait toujours : "Le sommeil est mort", à tous ceux de la maison : "Glamis vient d'assassiner le sommeil : par ainsi le sommeil de Cawdor est mort ; le sommeil de Macbeth est mort".

Lady Macbeth. — Qui criait tout cela ? Voyons, fier captal, vous ôtez le nerf à votre force altière si vous vous écœurez l'âme dans ces méditations ! Va chercher de l'eau ; lave tes mains souillées, qui t'accuseraient… Pourquoi as-tu emporté de là-bas les dagues ? Il faut qu'elles y restent. Va les reporter et barbouille de sang les rustres qui ronflent.

Macbeth. — Je n'y retournerai pas ; j'ai peur, quand je pense à ce que j'ai fait, aller le revoir… je je n'ose pas.

Lady Macbeth. — Ah, volonté infirme ! Donne-moi les dagues ; les morts, les endormis, ce ne sont que des images ; il faut des yeux d'enfant pour avoir peur du diable en peinture. S'il a du sang, j'en grime les figures des valets, et j'en fais leur crime. (*Elle sort. Coups frappés au-dehors.*)

Macbeth. — D'où viennent ces coups ? Où en suis-je, que tout bruit m'épouvante ? Quelles mains ce sont là… ah… elles me crèvent les yeux. Tout le vaste Océan de Neptune pourra-t-il laver ce sang net de ma main ? Non, cette mienne main plutôt empourprera la multitude des mers, et fera la grande verte, rouge. (*Lady Macbeth rentre.*)

Lady Macbeth. — Mes mains sont couleur des vôtres, mais j'aurais honte de porter un cœur si blême. (*Coups frappés au-dehors.*) J'entends frapper à la porte du Sud. Rentrons dans notre chambre. Un peu d'eau pour laver tout ceci et après, comme c'est facile ! Votre courage vous avait déserté ! (*Coups frappés au-dehors.*) Chut, on frappe encore. Mettez votre robe de nuit, crainte que le hasard nous surprenne et révèle notre veillée. Ne vous perdez pas si misérablement dans vos pensées !

MACBETH. — Connaître ce que j'ai fait… mieux vaudrait ne pas me connaître moi-même. (*Coups frappés au-dehors.*) Réveille donc Duncan par tes coups, ah ! comme je le voudrais ! (*Ils sortent.*)

SCÈNE III

Entre Le Portier. Coups frappés au-dehors.

Voilà un beau tapage, ma foi ! Un qui serait portier d'enfer, il en aurait son soûl de tourner la clef. (*Nouveaux coups.*) Pan ! Pan ! Pan ! qui est là, au nom de tous les diables ! C'est un fermier qui s'est pendu au grenier d'abondance. Allons, entrez à la bonne heure, et apportez force torchons ; on va vous faire suer. (*Nouveaux coups.*) Pan ! Pan ! qui va là, au nom de tous les autres diables ? Parbleu, c'est un tartufe, fort habile abjurer par tous les deux plateaux de la balance de justice, selon l'occasion, qui a su truffer assez pour l'amour de Dieu, mais non s'entartufier jusqu'en Paradis. Allons, entre, tartufe. (*Nouveaux coups.*) Pan ! Pan ! Pan ! Qui va là ? Parbleu, c'est un tailleur anglais qu'on envoie ici pour avoir volé un pan de chausse à la française ; entre, compère, tailleur, voici bon feu à rôtir ton oie. (*Nouveaux coups.*) Pan ! Pan ! N'aurai-je pas la paix ? Qui êtes-vous ? Brrr ! Il fait trop froid ici pour une cour d'enfer. Je ne veux plus être démon-portier : j'ai pensé faire entrer certaines gens de tous métiers qui vont par les sentiers fleuris aux flammes éternelles. (*Nouveaux coups.*) On y va ! On y va ! Messieurs, n'oubliez pas le portier. (*Il ouvre la porte. Entrent Macduff et Lennox.*)

MACDUFF. — Il était donc bien tard, l'ami, quand vous vous êtes mis au lit, que vous êtes encore couché à cette heure ?

Le Portier. — Ma foi, monsieur, nous trinquions encore au second chant du coq, et le vin, monsieur, est grand excitateur de trois choses.

Macduff. — Et quelles trois choses le vin excite-t-il spécialement ?

Le Portier. — Pardi, monsieur, l'enluminure du nez, le sommeil, et l'urine. Pour la paillardise, monsieur, il l'excite et l'abat ; il excite le désir, mais il ôte l'exécution ; si bien que le vin en quantité, pour ainsi dire, est pipeur de paillardise ; il la fait, mais il la défait ; il lui donne le vol et la met en cage, lui donne courage et lui ôte le cœur, la redresse et puis la couche, et en somme, la pipe en un certain sommeil qui de mensonge fait songe.

Macduff. — Je crois que le vin t'a pris de mensonge cette nuit.

Le Portier. — Oui-dà, monsieur, jusque dans la gorge ; mais je le lui ai bien rendu ; et m'est avis que j'ai été le plus fort ; il a eu beau me tirer les pieds, j'ai fini par écorcher le renard.

Macduff. — Ton maître est-il levé ? (*Macbeth entre.*) Nos coups l'ont éveillé : le voici.

Lennox. — Bonjour, noble seigneur.

Macbeth. — Messieurs, bonjour.

Macduff. — Le roi est-il levé, sire captal ?

Macbeth. — Pas encore.

Macduff. — Il m'avait donné l'ordre de venir tôt à son lever ; j'ai failli laisser passer l'heure.

Macbeth. — Je vais vous mener vers lui.

Macduff. — Vous vous donnez une peine qui, je le sais, vous charme ; mais c'est une peine.

Macbeth. — L'ouvrage où nous nous plaisons enchante la douleur. Voici la porte.

Macduff. — Je prendrai donc sur moi d'entrer : c'est ma charge et mon office. (*Il sort.*)

LENNOX. — Le roi part aujourd'hui ?

MACBETH. — Il part, ainsi avait-il décidé.

LENNOX. — Nous avons eu une nuit de tempête ; à notre logement les cheminées ont été emportées par le vent ; on a ouï, paraît-il, des plaintes aériennes, des cris étranges de mort, des voix terribles qui annonçaient le bouleversement de toutes choses, révolutions écloses en des jours lugubres ; l'oiseau de malheur s'est lamenté toute la longue nuit ; d'aucuns disent que la terre tremblait la fièvre.

MACBETH. — C'est vrai : une mauvaise nuit.

LENNOX. — Dans mes jeunes souvenirs je ne trouve pas la pareille. (*Macduff rentre.*)

MACDUFF. — Ô horreur ! horreur ! horreur ! Pas de langue ni de cœur qui ose te concevoir, qui ose te nommer !

MACBETH, LENNOX. — Qu'y a-t-il ?

MACDUFF. — Le chaos est maître des choses. Un meurtre très sacrilège a forcé le sanctuaire du Seigneur et y a volé la lampe de la vie.

MACBETH. — Que dites-vous… de la vie ?

LENNOX. — Vous parlez de Sa Majesté ?

MACDUFF. — Approchez de la chambre et que votre vision s'anéantisse en cette nouvelle Gorgone ! Ne me faites pas parler ; allez voir, et parlez vous-mêmes. (*Sortent Macbeth et Lennox.*) Alerte ! Alerte ! Sonnez la cloche d'alarme ! – Meurtre et trahison ! – Banquo et Donalbain ! Malcolm, alerte ! Secoue ce mol duvet de sommeil, cette mort peinte, et regarde la mort elle-même ! debout, debout et vois l'image du dernier jugement ! Malcolm ! Banquo ! Surgissez, comme hors d'une tombe, paraissez en spectres pour contempler l'Horreur ! Sonnez la cloche d'alarme ! (*La cloche sonne.*)

LADY MACBETH. — Qu'y a-t-il, qu'une si hideuse fanfare sonne l'appel des dormeurs de la maison ? Parlez ! Parlez !

MACDUFF. — Ô tendre dame, ce n'est pas à vous d'entendre mes paroles ; dans une oreille de femme, leur écho serait assassin. (*Entre Banquo.*) Ô Banquo ! Banquo ! Notre royal maître est assassiné.

LADY MACBETH. — Pitié ! Hélas ! Quoi, dans notre maison ?

BANQUO. — Trop affreux, même ailleurs ! Duff, bon Duff, je t'en prie, démens-toi et dis que ce n'est pas vrai ! (*Macbeth et Lennox rentrent.*)

MACBETH. — Ah, si j'avais pu mourir une heure avant ce coup fatal, j'aurais vécu un temps béni ; car désormais rien de grave n'est plus en nos choses périssables ; tout n'est que babioles, grâce et renommée sont mortes. Le vin de la vie est tiré ; et sous cette voûte, il ne nous reste pour tout bien que de la lie, de la lie ! (*Malcolm et Donalbain entrent.*)

DONALBAIN. — Quel malheur est survenu ?

MACBETH. — Le vôtre, et vous ne le savez pas. L'origine, la fontaine jaillissante de votre sang est tarie, oui la source vive en est tarie.

MACDUFF. — Votre royal père vient d'être assassiné.

MALCOLM. — Oh, par qui ?

LENNOX. — Par les gens de sa chambre, à ce qu'il semble ; leurs mains et leurs figures étaient toutes marquées de sang, aussi bien que leurs dagues que nous avons trouvées, non essuyées, sur leurs oreillers ; ils avaient l'œil fixe ; ils étaient hagards ; il n'aurait pas fallu leur confier une vie humaine.

MACBETH. — Ah, pourtant, je me repens de ma furie, de les avoir tués !

MACDUFF. — Pourquoi l'avez-vous fait ?

MACBETH. — Et qui donc saurait être sage et fou, modéré et furieux, loyal et neutre, sur le coup du moment ? Pas un homme ! La hâte de ma violente amour a passé la tardive raison ! Duncan gisait là : sur l'argent de sa peau, le sang avait jeté sa dentelle d'or ; l'entaille de ses plaies

semblait la brèche faite à la nature par la ruine dévastatrice ; auprès, les assassins, tout enluminés des couleurs
du crime, avec leurs dagues aux hideuses braies de sang…
comment se retenir, quand on a le cœur qui aime, et dans
ce cœur le courage de faire voir qu'on aime ?

LADY MACBETH. — Soutenez-moi ! Emmenez-moi !
Oh !

MACDUFF. — Prenez garde à la dame !

MALCOLM, *à part, à Donalbain*. — Pourquoi rester
bouche close ? Les gens pourront dire que ce discours,
c'est nous qui l'avons fait.

DONALBAIN, *à part à Malcolm*. — Et que dire ici, où de
la gueule d'une trappe notre soudaine perte peut se ruer ?
Allons-nous-en ; nous n'avons pas cuvé nos larmes !

MALCOLM, *à part à Donalbain*. — Et notre forte douleur ne sait où prendre pied.

BANQUO. — Prenez garde à la dame. (*On emporte Lady
Macbeth.*) Messieurs, ne restons pas ainsi demi-nus, à souf-
frir du froid ; allons nous couvrir ; puis retrouvons-nous
pour faire enquête de cette œuvre très sanglante et tout
examiner à fond. Les craintes, les scrupules nous agitent ;
moi, je me remets entre les mains toutes-puissantes de
Dieu, et fort de là, je défie toute imputation future de traî-
trise et de malice.

MACDUFF. — Et moi de même.

TOUS. — Nous tous, de même.

MACBETH. — Allons promptement nous équiper ;
soyons hommes et retrouvons-nous dans la grand'salle.

TOUS. — Très volontiers. (*Tous sortent, à l'exception
de Malcolm et Donalbain.*)

MALCOLM. — Qu'allez-vous faire ? Ne nous joignons
pas à eux ! Montrer une douleur qu'on ne sent point, c'est
l'office propre d'un cœur faux. Moi je pars pour l'Angleterre.

DONALBAIN. — Et moi, pour l'Irlande. Séparons nos fortunes ; nous y trouverons plus de sûreté tous deux ; partout où nous sommes la dague reluit sous le sourire : celui qui est proche par le sang se fait sanglant, plus il est proche.

MALCOLM. — Le coup assassin n'a pas encore porté au but ; le plus sûr est de nous mettre hors d'atteinte. Donc, à cheval ; point de cérémonie pour prendre congé ; décampons. Où il n'est plus fait de quartier, on a le droit de fuir. (*Ils sortent.*)

SCÈNE IV

Devant le château
Entrent Ross et un Vieillard

LE VIEILLARD. — Voilà bien septante années dont j'ai bonne mémoire ; grande longueur de temps où j'ai vu des heures terribles et des choses étranges, mais cette nuit cruelle réduit à rien mon expérience passée.

ROSS. — Ah, mon bon père, tu le vois, les cieux mêmes, troublés des œuvres de l'homme, menacent son drame sanglant ; à l'heure de l'horloge, il fait jour et pourtant la nuit noire étouffe la grande lampe errante. Est-ce la nuit qui règne ? est-ce le jour qui a honte ? mais les ténèbres ensépulcrent la face de la terre, et la vivante lumière lui refuse son baiser.

LE VIEILLARD. — Chose hors nature, comme celle qui a été œuvrée. Mardi dernièrement passé, un faucon en plein essor fut lié et déchiré par une chouette ratière.

ROSS. — Et les chevaux de Duncan, chose très étrange et certaine, ses coursiers favoris, admirables, rapides, soudain hors d'eux et furieux ont brisé leurs stalles à grandes ruades, sans rien vouloir entendre : il semblait qu'ils eussent juré la guerre à l'humanité.

Le Vieillard. — On m'a dit qu'ils s'étaient entredévorés.

Ross. — Oui, c'est vrai, à la stupeur de mes propres yeux qui les contemplaient. Voici venir le bon Macduff. (*Macduff entre.*) Que se passe-t-il, monsieur, à cette heure ?

Macduff. — Quoi, vous ne le voyez pas ?

Ross. — Est-ce qu'on sait qui a commis ce crime si sanguinaire ?

Macduff. — Ceux que Macbeth a tués.

Ross. — Hélas ! jour de Dieu ! quel bien pouvaient-ils prétendre ?

Macduff. — Ils avaient été subornés. Malcolm et Donalbain, les deux fils du roi, ont disparu ; ils sont en fuite, et ceci jette sur eux le soupçon du forfait.

Ross. — Hors nature, toujours ! Dilapideuse ambition qui tarit les sources de sa propre vie ! Alors il est probable que la souveraineté reviendra à Macbeth.

Macduff. — Il est nommé déjà, et parti pour Scone où a lieu le sacre.

Ross. — Où est le corps de Duncan ?

Macduff. — Transféré à Colmeskill, sanctuaire où ses prédécesseurs reposent et où l'on veille sur leurs ossements.

Ross. — Venez-vous à Scone ?

Macduff. — Non, cousin, je pars pour Fife.

Ross. — Eh bien, moi j'y vais.

Macduff. — Allons, et que tout s'y passe à votre gré. Dieu nous garde que nos vieilles robes ne nous soient plus légères que les nouvelles !

Ross. — Adieu, mon bon père.

Le Vieillard. — Que Dieu vous protège, et tous ceux qui tâchent à muer le mal en bien, la guerre en paix. (*Ils sortent.*)

Rideau

ACTE TROISIÈME

SCÈNE PREMIÈRE

Forres. Une salle du Palais
Entre Banquo

BANQUO. — Tu tiens donc tout : roi, Cawdor, Glamis, tout ce qu'avaient promis les femmes mornes, et tu as gagné, j'en ai peur, à dés bien hideusement pipés, mais il a été dit que rien ne demeurerait en ta postérité, et que ce serait moi qui ferais souche, père d'une longue lignée de rois. S'il y a en elles quelque vérité – et en toi leurs discours s'illustrent, Macbeth, – pourquoi, puisque la parole s'accomplit pour toi, mes oracles, à moi, n'exalteraient-ils point mon espoir ? Mais chut, en voilà assez... (*Fanfare. Entrent Macbeth, en roi, Lady Macbeth, en reine, Lennox, Ross, Seigneurs, Dames et Serviteurs.*)

MACBETH. — Voici notre hôte d'honneur.

LADY MACBETH. — Si nous avions pu le négliger, quel vide se serait fait en notre grande fête, et que tout aurait manqué d'harmonie !

MACBETH. — Nous tenons cette nuit souper d'apparat, messire, et j'y désire votre présence.

BANQUO. — Que Votre Altesse dispose de moi, ainsi que je me sens à jamais lié à Elle par les plus indissolubles nœuds.

MACBETH. — Vous faites route, cette après dînée ?

BANQUO. — Oui, mon cher Seigneur.

MACBETH. — C'est fâcheux ; nous vous eussions demandé vos bons avis, si sages et si heureux d'ordinaire, au conseil de ce jour ; mais nous les prendrons demain. Est-ce loin que vous allez ?

BANQUO. — Assez, monseigneur, pour que j'y doive employer tout le temps qui passera d'ici à souper ; si mon cheval tarde, et que la nuit me gagne, il me faudra prendre une heure ou deux à la brune.

MACBETH. — Ne manquez pas à notre festin.

BANQUO. — Monseigneur, je n'y manquerai pas.

MACBETH. — Nous avons ouï que nos sanglants cousins sont réfugiés en Angleterre et en Irlande, qu'ils ne confessent nullement leur cruel parricide, et qu'ils content à tout venant les plus étranges inventions ; là-dessus plus à plein demain nous aurons à délibérer, aussi sur les affaires de l'État. Sus donc, à cheval, adieu : jusqu'à votre retour, cette nuit. Est-ce que Fléance vous accompagne ?

BANQUO. — Oui bien, monseigneur, et, le temps nous presse.

MACBETH. — Allons, vos chevaux soient rapides et de pied sûr ; je vous remets à leur bonne échine. Portez-vous bien. (*Banquo sort.*) Que chacun soit maître de son temps jusqu'à sept heures, ce soir ; nous mêmes, afin que votre compagnie nous apporte plus de douceur, nous désirons demeurer en notre privé, jusqu'au temps du souper ; d'ici là, Dieu soit avec vous ! (*Tous sortent, à l'exception de Macbeth et d'un serviteur.*) Holà ; ici, un mot. Les hommes sont là, à notre plaisir ?

LE SERVITEUR. — Ils attendent, Monseigneur, devant la porte du palais.

MACBETH. — Fais-les venir devant nous. (*Le serviteur sort.*) Être où je suis n'est rien ; il faut y être avec sûreté ; nos craintes s'enracinent dans Banquo, profondes ; en sa loyale nature règne ce que je dois craindre ; elle va loin, son audace, et à cette effrontée hardiesse d'esprit il joint de la raison qui guide son courage et protège ses actions. C'est le seul être au monde dont j'ai peur ; sous lui, mon génie est mâté, ainsi que, dit-on, celui de Marc Antoine l'était par César. Il reprocha les trois sœurs, quand d'abord elles m'imposèrent le nom de roi ; il leur ordonna de lui parler, à lui ; c'est alors, qu'en prophétesses, elles le glorifièrent père d'une lignée de rois. Sur ma tête, à moi, elles placèrent une couronne inféconde ; elles me mirent au poing un sceptre stérile, qu'une main usurpatrice devra m'arracher, si je n'ai point de fils pour me succéder. S'il en est ainsi, c'est pour la descendance de Banquo que je me suis souillé l'âme, pour eux que j'ai assassiné le gracieux Duncan ; le calice de ma paix, je l'ai rempli d'amertume, sensément pour eux ; mon joyau éternel, je l'ai livré à l'ennemi commun de l'homme, pour qu'ils soient rois, eux, la graine de Banquo, rois ! Ah non, plutôt, Destin, entre dans la lice, et sonne contre moi le défi au combat ! (*Rentre le serviteur avec deux assassins.*) C'est bien. Va à la porte et attends qu'on t'appelle. (*Le serviteur sort.*) Est-ce point hier que nous avons parlé ensemble ?

PREMIER ASSASSIN. — Hier, plaise à Votre Altesse.

MACBETH. — Eh bien, à cette heure, avez-vous réfléchi à mes paroles ? Sachez que c'est lui, au temps passé, qui vous a maintenu si fort sous la fortune, quand vous croyiez que c'était nous, qui en étions bien innocents. Ceci, je vous l'ai montré, à notre dernière assemblée, je vous ai prouvé, comment vous aviez été joués, toutes les traverses, les instruments, celui qui s'en servait, tout ce qui suffirait en somme à faire dire à la pauvre âme de la cervelle la plus estropiée : "C'est Banquo qui faisait tout".

PREMIER ASSASSIN. — Vous nous l'avez fait connaître.

MACBETH. — Oui, je l'ai fait ; et je suis allé plus loin, qui fait le point maintenant de notre seconde entrevue. Vous trouvez-vous une patience si prédominante en votre nature, que de pouvoir laisser passer ceci? Êtes-vous si dévotement évangélisés, que de prier pour cet homme de bien, et sa lignée, lui dont la lourde main vous a courbés jusqu'à la tombe et fait de tous les vôtres des mendiants à jamais?

PREMIER ASSASSIN. — Nous sommes des hommes, mon lige.

MACBETH. — Oui, vous entrez dans la classe qu'on appelle "hommes" : ainsi lévriers, limiers, mâtins, épagneuls, dogues, braques, baudes et chiens-loups, tous passent sous le nom de chiens; mais c'est le rang qui distingue le chien de course, le prudent, le subtil, le chien de garde ou de chasse, chacun selon le don que la générosité de la nature y a enclos; voilà ce qui le dénote spécialement sur la liste où ils sont tous inscrits; ainsi va-t-il des hommes. Eh bien voyons, si vous tenez une place dans ce rang, si vous ne venez pas en queue de l'humanité, dites-le : et je vous mets au cœur de quoi exécuter votre ennemi, et vous lier au for de notre intime amour, nous que sa vie tient en si pauvre santé, quand sa mort la ferait parfaite.

SECOND ASSASSIN. — Moi, je suis un homme, mon lige, que les coups et les viles batures du monde ont enflammé si fort que je défierai ce monde en désespéré.

PREMIER ASSASSIN. — Et moi un autre, si las de désastres, si harcelé de fortune que je coucherais ma vie en mise, pour enfin gagner, ou la perdre!

MACBETH. — Vous savez tous les deux que Banquo était votre ennemi…

LES DEUX ASSASSINS. — C'est bien vrai, monseigneur.

MACBETH. — Il est aussi le mien, et d'une si sanglante haine que chaque minute de son existence est un coup qui me frappe près du cœur. Sans doute je pourrais de mon seul et nu pouvoir le balayer de ma vue et ne m'avouer que de mon bon plaisir; mais il ne le faut pas, à cause de certains de nos amis qui sont ensemble les siens, et dont je ne puis perdre l'affection ; tant est que je devrai pleurer sa chute, moi qui l'aurais abattu ! De là vient que j'ai recours à vos offices, et que pour certaines graves raisons, je masque la chose aux yeux de la foule.

SECOND ASSASSIN. — Nous exécuterons, Monseigneur, ce que vous ordonnerez.

PREMIER ASSASSIN. — Quand nous devrions y perdre…

MACBETH. — Votre courage luit dans vos yeux. Dans une heure au plus je vous fais savoir où vous poster, je vous instruis du moment précis du guet, de l'instant : il faut que tout soit fait cette nuit, et loin du palais ; regardant toujours qu'il me faut laisser en toute pureté. Et avec lui – à seule fin que l'œuvre soit sans taches ni tares – Fleance, son fils, qui l'accompagne, dont la disparition ne m'importe pas moins que celle de son père, subira le sort de la même heure noire. Tirez-vous là, et décidez-vous, je vous rejoins dans l'instant.

LES DEUX ASSASSINS. — Nous sommes décidés, Monseigneur.

MACBETH. — Je viens vous retrouver ; demeurez là dehors. (*Les assassins sortent.*) C'est conclu. Banquo, si ton âme en son vol, trouve le ciel, qu'elle le trouve cette nuit. (*Il sort.*)

SCÈNE II

Forres. — Une autre salle du Palais
Entrent Lady Macbeth et un serviteur

LADY MACBETH. — Banquo a quitté la cour ?

LE SERVITEUR. — Oui, madame, mais il revient à la nuit.

LADY MACBETH. — Va dire au roi que s'il est de loisir, je voudrais lui parler.

Le Serviteur. — Madame, j'y vais.

Lady Macbeth. — Nous ne tenons rien, tout nous échappe, tant que le désir se réalise sans contentement. Ah mieux vaudrait périr avec ce que nous détruisons que de vivre par ce que nous détruisons en une joie douteuse ! (*Entre Macbeth.*) Eh quoi, Monseigneur, vous demeurez tout seul ; vous tenez hantise aux plus tristes fantaisies ; vous vivez toujours avec des méditations qui auraient dû mourir avec ceux sur qui elles méditent. Aux choses sans remède, il ne faut avoir regard. Ce qui est fait, est fait.

Macbeth. — La vipère est tronçonnée, elle n'est pas morte : elle va se réunir et se dresser ; et nous, avec notre pauvre rase, nous restons au péril de ses crochets d'antan. Mais que l'orbe de l'univers craque, que les deux mondes croulent, plutôt que de manger notre pain dans la terreur, que de dormir sous le poids des rêves horribles qui nous font frémir la nuit ; j'aimerais mieux être couché avec les morts, ceux à qui nous donnâmes la paix pour gagner la paix, que me sentir étiré à la torture de l'âme dans l'angoisse qui jamais ne cesse. Duncan est dans sa tombe ; après les sautes fiévreuses de la vie, paisible, il dort ; la trahison a parachevé son œuvre ; ni le fer, ni le poison, ni haine, domestique, ni coalition étrangère, rien ne peut plus le toucher.

Lady Macbeth. — Allons, allons, mon cher seigneur, adoucissez cette rudesse d'humeur, soyez gai et jovial parmi vos invités, cette nuit.

Macbeth. — Oui, j'y tâcherai, mon amour ; et, je t'en prie, toi, sois de même ; que toutes tes attentions aillent à Banquo, fais-lui honneur, des lèvres et des yeux… Quelle inquiétude, d'être contraints de noyer notre dignité en ces flots de flatteries, de nous déguiser ainsi, et de faire de nos visages les faux-visages de nos cœurs !

Lady Macbeth. — Il n'y faut plus songer.

MACBETH. — Oh j'ai l'âme pleine de scorpions, m'amie ! Tu sais bien que Banquo et son Fleance sont toujours là !

LADY MACBETH. — Mais leur bail avec la vie n'est pas perpétuel !

MACBETH. — C'est juste. Voilà le consolant. Ils sont attaquables. Allons, sois donc joyeuse ; avant que la chauve-souris tourne au cloître de son vol, avant qu'au cri de la noire Hécate le scarabée de son bourdon monotone appelle le bâillement nocturne, il sera œuvré une œuvre solennelle.

LADY MACBETH. — Quelle œuvre ?

MACBETH. — Sois innocente, reste ignorante, m'amie, ma colombe, jusqu'à ce que, par toi, cette œuvre soit applaudie. Viens, nuit, cilleuse de paupières, leurre les tendres yeux du jour piteux, et, de ta main sanglante et invisible, cancelle et déchire les toutes-puissantes lettres qui me font pâle ! La lumière se trouble, et la corneille s'envole au creux du bois ; les bonnes choses de clarté se referment et s'ensommeillent et les noirs suppôts de la nuit vont à l'affût de leur proie. Tu t'émerveilles de mes paroles ; mais demeure en silence. Bien mal acquis se maintient par le mal ; ainsi donc, s'il te plaît, laisse-moi faire. (*Ils sortent.*)

SCÈNE III

Un parc près du Palais
Entrent Trois Assassins

PREMIER ASSASSIN. — Mais qui t'a dit de venir avec nous ?

TROISIÈME ASSASSIN. — Macbeth.

SECOND ASSASSIN. — On peut se fier en lui ; puisqu'il nous marque nos rôles, et ce que nous avons à faire, juste comme l'or.

PREMIER ASSASSIN. — Alors mets-toi là, avec nous. Au couchant luisent encore des barres de lumière ; voici l'heure que le voyageur attardé donne de l'éperon pour gagner l'auberge ; voici que s'approche la cause de notre guet.

TROISIÈME ASSASSIN. — Chut ! j'entends des chevaux.

BANQUO, *au-dehors*. — Éclaire-nous par là, ho !

SECOND ASSASSIN. — Alors, c'est lui ; tous les autres, qu'on avait l'ordre d'attendre, sont rendus déjà à la cour.

PREMIER ASSASSIN. — Ses chevaux font le grand tour.

TROISIÈME ASSASSIN. — Une lieue de chemin, presque ; mais d'ordinaire, comme tout le monde, il descend ici, et jusqu'à la porte du palais on va à pied. (*Entrent Banquo et Fleance avec une torche.*)

SECOND ASSASSIN. — Une lumière ! une lumière !

TROISIÈME ASSASSIN. — C'est lui.

PREMIER ASSASSIN. — Tiens bon.

BANQUO. — Il y aura de la pluie, cette nuit.

PREMIER ASSASSIN. — La voilà qui tombe. (*Il s'élance sur Banquo.*)

BANQUO. — Oh, trahison ! Fuis, cher Fleance, cours, cours, fuis ! Tu pourras venger… Oh, esclave ! (*Il meurt. Fleance s'enfuit.*)

TROISIÈME ASSASSIN. — Qui a éteint ?

PREMIER ASSASSIN. — Ce n'était donc pas à faire ?

TROISIÈME ASSASSIN. — Il n'y en a qu'un par terre, le fils est parti.

SECOND ASSASSIN. — Nous avons perdu le meilleur de la besogne.

PREMIER ASSASSIN. — Tant pis ; allons dire ce qui est fait. (*Ils sortent.*)

SCÈNE IV

Une salle du Palais. — Banquet préparé

Entrent Macbeth, Lady Macbeth, Ross, Lennox, Seigneurs et Serviteurs.

MACBETH. — Messieurs, vous connaissez vos pré-séances. Prenez place. Du premier au dernier, très chère bienvenue !

LES SEIGNEURS. — Grand merci à Votre Majesté.

MACBETH. — Nous entendons nous mêler à votre société sans nulle cérémonie, en bonne simplesse d'hôte. La dame de céans tiendra état ; en temps et lieu, nous lui demanderons de nous faire accueil.

LADY MACBETH. — Que votre bouche prononce pour moi sire, à tous nos amis : mon cœur les dit très bien venus. (*Entre le premier assassin. À la porte.*)

MACBETH. — Et vois, ils viennent te rendre grâces aussi de tout leur cœur. Nombre égal des deux parts… Là… je me placerai au centre. Allons, que la joie soit ample. Un moment, nous viderons le hanap, et il fera le tour de la table. (*Il s'approche de la porte.*) Tu as du sang sur la figure.

PREMIER ASSASSIN. — Le sang de Banquo, alors.

MACBETH. — Mieux vaut sur toi qu'en lui. Est-il dépê-ché ?

PREMIER ASSASSIN. — Monseigneur, il a la gorge cou-pée ; j'ai fait cela pour lui.

MACBETH. — Tu es le prince des coupe-gorge ; fort aussi, celui qui en a fait autant à Fleance. Si c'est toi, tu es le non pareil.

PREMIER ASSASSIN. — Très royal sire, Fleance a échappé.

MACBETH, *à part.* — Alors je retremble : autrement j'étais parachevé, massif comme un marbre, solide comme un roc, ample et universel comme l'air qui nous enferme ; mais me voici muré, chambré, confiné, ligoté par les misères du doute et de la crainte. (*Haut.*) Mais Banquo, en suis-je sûr ?

PREMIER ASSASSIN. — Oui, mon bon seigneur, sûr ; il est tranquille dans un fossé avec vingt bonnes entailles au crâne, la moindre mortelle à tout être.

MACBETH. — Merci sur ce point-là (*à part.*) La grosse vipère est écrasée ; la petite qui s'est faufilée garde en elle de quoi plus tard distiller son venin ; pour l'instant, elle n'a pas de crochets. Allons va-t-en ; nous reparlerons demain. (*Le premier assassin sort.*)

LADY MACBETH. — Mon royal seigneur, vous ne nous faites pas bonne chère ; c'est un festin de commande que celui où l'on ne s'empresse d'assurer ses convives qu'on les traite à cœur ouvert. Mieux leur vaudrait manger chez eux, si vous ne relevez leurs mets de vos bonnes grâces ; sans elles, cette fête semblera pauvre.

MACBETH. — Tendre admonestatrice ! Allons messieurs, faites honneur à vos appétits et buvons à vos santés.

LENNOX. — Plaise à Votre Majesté s'asseoir. (*Le spectre de Banquo entre et s'assied à la place de Macbeth.*)

MACBETH. — Nous verrions mettre ici le comble à l'honneur de notre royaume si notre gracieux, aimé et féal Banquo fût présent ; j'aime mieux l'accuser de négligence que le plaindre d'un contretemps fâcheux.

ROSS. — Son absence, Sire, fait tort à sa promesse. Plaise à Votre Majesté nous donner la grâce de sa royale compagnie.

MACBETH. — La table est pleine.

LENNOX. — Sire, voici une place réservée.

MACBETH. — Où donc ?

LENNOX. — Ici, mon cher Seigneur. Qu'est-ce qui trouble Votre Majesté ?

MACBETH. — Qui de vous a fait ceci ?

LES SEIGNEURS. — Quoi, très cher Sire ?

MACBETH. — Tu ne peux pas dire que c'est moi : ne me menace pas de tes mèches sanglantes, pas moi !

ROSS. — Messeigneurs, debout : Sa Majesté se trouve mal.

LADY MACBETH. — Restez assis, Messieurs nos amis ; Monseigneur est souvent saisi de la sorte, et l'a été depuis son enfance ; je vous en prie, demeurez à vos places. L'accès ne dure qu'un moment ; le temps de se reprendre, il va être remis. Si vous y portez trop d'attention vous allez l'irriter, et augmenter son humeur. Mangez et ne prenez pas garde à lui. Êtes-vous un homme ?

MACBETH. — Oui, et un rude, qui ose regarder en face une chose qui glacerait Satan.

LADY MACBETH. — Oh, la belle affaire ! Voilà encore la peinture même de votre peur ; voilà encore cette dague sortie de l'air, que vous disiez qui vous menait vers Duncan ! Ah ces sursauts, ces surprises, ces fantasmagories de la peur vraie, feraient jolie matière pour des contes de femme, au feu de la veillée, authentiqués par la mère grand. C'est la honte même ! Pourquoi faites-vous toutes ces grimaces ? Quand vous aurez fini, vous ne regardez qu'un fauteuil.

MACBETH. — Je t'en prie, vois, là ! Regarde ! Tiens ! Là ! Qu'est-ce que tu dis ? Ah, qu'est-ce que cela me fait ? Puisque tu croules la tête, parle donc ! Si nos charniers et nos tombes revomissent ceux que nous y enterrons, les sépulcres ne seront plus que des jabots de vautours ! (*Le spectre sort.*)

LADY MACBETH. — Quoi, si peu homme, dans votre folie !

MACBETH. — Aussi vrai que je suis, ici, je l'ai vu.

LADY MACBETH. — Fi, la honte !

MACBETH. — On a versé du sang, avant nos jours, dans le vieux temps, avant que les humaines lois aient poli la société ; certes, et depuis sans doute, des assassinats ont été commis, plus horribles qu'on ne saurait ouïr ; il y a eu un temps où quand on écrasait la cervelle, l'homme mourait, et c'était la fin. Mais maintenant, les voilà ressurgir, vingt entailles mortelles aux tempes, et qui nous poussent de nos chaises ; ah, c'est plus étrange même que l'assassinat.

LADY MACBETH. — Mon honoré seigneur, vos nobles amis attendent.

MACBETH. — J'oubliais. Ne vous étonnez pas de moi, mes très dignes amis. J'ai une étrange infirmité qui n'est rien à ceux qui me connaissent. Allons, bonne amour, santé à vous tous. Après, je prendrai place. Donnez-moi du vin, rouge bord. Je bois à la générale joie de toute cette table, et à notre cher ami Banquo qui nous fait défaut. Quel malheur qu'il ne soit ici ! À tous, à lui, nous buvons ; en tout, à tous.

LES SEIGNEURS. — Nos devoirs, nos souhaits en retour. (*Le spectre rentre.*)

MACBETH. — Arrière ! Sors de ma vue ! Que la terre te couvre ! Tes os sont vides de moelle, ton sang est froid ; tu n'as pas de vision dans ces yeux à la vitre morne !

LADY MACBETH. — Croyez, messieurs les pairs, croyez que tout ceci est chose d'habitude ; point autre ; elle ne fait que gâter la joie du moment.

MACBETH. — Ce que l'homme ose, je l'ose : approche en ours féroce de Russie, monstrueux comme Béhémoth, en tigre d'Hyrcanie, prends toute forme, sauf celle-là et mes fermes nerfs sauront ne pas trembler : ou bien revis, et défie-moi jusqu'au désert de ton épée et si je tremble alors, tu diras que je suis une poupée d'enfant. Arrière, ombre horrible ! Mascarade de l'irréel, arrière !… Là, là… Il est parti ; je redeviens homme. Asseyez-vous, je vous en prie !

LADY MACBETH. — Vous avez troublé toute gaîté, rompu notre bonne compagnie par cet extravagant désordre.

MACBETH. — De telles choses sont, s'abattent sur nous comme un nuage noir, et nous ne serions pas frappés de stupeur ? Vous me faites douter de moi-même, quand je songe, là, que vous pouvez contempler ces visions et garder du vermillon aux joues, quand les miennes sont blanches de peur !

ROSS. — Quelles visions, monseigneur ?

LADY MACBETH. — Ne parlez pas, je vous en supplie ; il va de mal en pire ; toute question l'enrage ; vite, bonne nuit ; ne regardez pas à l'ordre de vos sorties, mais partez vite.

LENNOX. — Bonne nuit, et meilleure santé à Sa Majesté !

LADY MACBETH. — Repos et bonne nuit à tous !

MACBETH. — Le passé veut du sang ; c'est ce qu'on dit, le sang veut le sang. Cela s'est vu : des pierres qui marchent, des arbres qui parlent, des devins par certaines combinaisons, des pies, des grues, des corneilles qui découvrent le sang sur l'homme le plus secret. Où en est la nuit ?

LADY MACBETH. — Presque au point du jour, l'heure indécise.

MACBETH. — Qu'en dis-tu ? Macduff refuse sa présence, sur notre ordre formel.

LADY MACBETH. — Vous l'avez fait mander, Seigneur ?

MACBETH. — On me l'a dit ; mais je l'envoie mander ; pas un d'eux, que je n'aie chez lui. un homme à gages. Je vais aller demain, et j'irai de bonne heure, trouver les sœurs mornes. Elles m'en diront plus long ; à cette heure, par les moyens les pires, il faut que je sache le pire. À mon intérêt, je veux que tout cède ; je baigne dans le sang si profond que j'ai perdu pied ; la peine de retourner serait aussi forte que de passer outre. Mon âme est tendue sur d'étranges pensées qui prennent forme et il faut agir avant que de scruter.

LADY MACBETH. — Vous avez besoin de ce qui nous ravive tous ; il faut dormir.

MACBETH. — Viens, allons dormir. Mon malaise, ma défiance de moi, c'est la peur du débutant, que n'a pas durci la coutume. Nous sommes encore jeunes dans le travail. (*Ils sortent.*)

Rideau

ACTE QUATRIÈME

SCÈNE PREMIÈRE

Une caverne
Au milieu un chaudron bouillonnant. — Tonnerre
Entrent les Trois Sorcières

PREMIÈRE SORCIÈRE. — Trois fois le chat bringi a miaulé.

DEUXIÈME SORCIÈRE. — Trois fois. Le hérisson a grogné.

TROISIÈME SORCIÈRE. — Harpie crie : c'est l'heure ! c'est l'heure !

PREMIÈRE SORCIÈRE. — Autour du chaudron formons ronde. Dedans les entrailles immondes, Crapaud, qui sous pierre gelée, jour et nuit as mitonné, que ta venimeuse sueur bouille dans le chaudron charmé.

TOUTES. — Double, double, travail et trouble ; flambe feu ; chaudron bous.

DEUXIÈME SORCIÈRE. — Tronçon de guivre de marais, dans le chaudron cuis et bous ; œil d'aspic, palme de grenouille, crochets de vipère, dents de couleuvre, main de lézard, aile de chouette, pour un charme au pouvoir troublé comme bouillon d'enfer bouillez.

TOUTES. — Double, double, travail et trouble ; flambe feu ; chaudron bous.

TROISIÈME SORCIÈRE. — Écaille de dragon, dents de loup, baume de momie, ventrée de requin destructeur, mandragore encillée de nuit, foie de juif blasphémateur, fiel de chèvre et brin d'if taillé sous éclipse de lune, nez de Turc, lèvres tartarines, doigt d'enfant étranglé vivant, déposé par la gourgandine, faites un grommelis gruant; du tigre prenez les couillons, ingrédients à notre chaudron.

Toutes. — Double, double, travail et trouble; flambe feu, chaudron bous.

Deuxième Sorcière. — Rafraîchi du sang de babouin le charme sera ferme et plein... par les pouces qui me démangent quelque chose de méchant vient. Ouvrez-vous verroux à quiconque choque. (*Entre Macbeth.*)

Macbeth. — Eh bien, mystérieuses et noires sorcières de minuit que faites-vous là?

Toutes. — Œuvre sans nom.

Macbeth. — Je vous en conjure, par la science que vous professez (peu importe d'où vous tiriez votre divination) répondez-moi! Dussiez-vous déchaîner les vents et les lancer à l'assaut des églises; quand bien même les vagues blanches d'écume devraient confondre et anéantir toute navigation; quand bien même les blés verts seraient couchés à terre et les arbres rués bas; quand bien même les châteaux s'écrouleraient sur la tête de qui les occupe; quand bien même palais et pyramides glisseraient de leur sommet jusqu'à leur base; quand tout le trésor des germes de nature devrait s'abîmer ensemble jusqu'au complet épuisement de la destruction elle-même, répondez à ma demande!

Première Sorcière. — Parle.

Deuxième Sorcière. — Questionne.

Troisième Sorcière. — Il te sera fait réponse.

Première Sorcière. — Dis, veux-tu l'entendre de notre bouche ou de celle de nos maîtres?

Macbeth. — Appelez-les; faites-moi les voir...

Première Sorcière. — Versez dedans sang de pourceau qui dévora neuf marcassins; de la graisse qui suinta de la potence d'assassin, jetez dans la flamme.

TOUTES. — Viens petit et grand ; ton office montre droitement. (*Tonnerre, première apparition. Une tête casquée.*)

MACBETH. — Dis-moi, puissance inconnue…

PREMIÈRE SORCIÈRE. — Il sait ta pensée ; entends son discours sans rien ajouter.

PREMIÈRE APPARITION. — Macbeth, Macbeth, Macbeth, garde-toi de Macduff ; garde-toi du captal de Fife. Renvoyez-moi. Assez. (*La tête descend.*)

MACBETH. — Qui que tu sois pour ton salutaire avertissement, merci… Par toi mon être a vibré comme la corde d'une harpe sous les doigts de la terreur… Encore un mot…

PREMIÈRE SORCIÈRE. — Il ne souffre pas d'être commandé ; vois, cet autre encore plus puissant que le premier. (*Tonnerre, deuxième apparition, un enfant ensanglanté.*)

DEUXIÈME APPARITION. — Macbeth, Macbeth, Macbeth…

MACBETH. — Je t'écouterais de trois oreilles.

DEUXIÈME APPARITION. — Sois rouge de sang ; montre-toi hardi et ferme dans tes résolutions. Méprise et dédaigne toute puissance d'homme ; nul né de femme ne peut nuire à Macbeth. (*Elle descend.*)

MACBETH. — Tu vivras donc Macduff. Que craindre maintenant de toi ? Cependant je veux faire double et sûre assurance, engager le destin par contrat mutuel. Tu ne vivras donc pas Macduff. Car je veux dire qu'elle a menti la peur au visage blême, et dormir en dépit de tout tonnerre. (*Tonnerre ; un enfant couronné portant un rameau d'arbre à la main.*) Mais quel est celui-là qui grandit et s'élève comme progéniture royale et porte sur son front d'enfant le cercle d'or de souveraine domination.

TOUTES. — Écoute, mais ne lui parle pas.

TROISIÈME APPARITION. — Aie de l'audace ; aie le cœur d'un lion ; ne prends souci de qui s'agite et s'irrite ; ne crains pas les conspirateurs. Macbeth sera seulement vaincu quand la grande forêt de Birnam marchera à sa rencontre vers la haute colline de Dunsinane.

MACBETH. — Cela n'arrivera jamais ! Qui pourrait enrôler de force une forêt ? Qui commandera aux arbres de délier leurs terrestres racines ? Douces et bonnes prédictions ! La rébellion ne peut donc dresser la tête avant que Birnam ne se dresse ! Et notre Macbeth, en haute et suprême place, vivra tout le congé de nature, rendant paisiblement son souffle à l'heure coutumière marquée par la mort. Et cependant mon cœur sursaute de connaître encore une chose. Oh, dites-moi, si votre art est assez puissant pour le savoir, la postérité de Banquo règnera-t-elle jamais sur ce royaume ?

TOUTES. — Ne cherche pas plus avant.

MACBETH. — Je veux que l'on me satisfasse… accordez-moi de le connaître ou qu'une éternelle malédiction tombe sur vous ! Laissez-moi savoir encore… mais pourquoi le chaudron s'abaisse-t-il, et quel est ce bruit ? (*Hautbois.*)

PREMIÈRE SORCIÈRE. — Montrez.

DEUXIÈME SORCIÈRE. — Montrez.

TROISIÈME SORCIÈRE. — Montrez.

TOUTES. — Montrez à ses yeux et grevez son cœur ; apparaissez comme ombres légères et, comme elles, évanouissez-vous. (*Une vision de huit rois dont le dernier porte un miroir dans sa main ; le spectre de Banquo les suit.*) Pas toi… tu es trop pareil au spectre de Banquo ; à bas ! ta couronne brûle mes prunelles. Et tes cheveux, autre front cerclé d'or, ressemblent trop à ceux du premier. Le troisième est de semblable apparence… Horribles sorcières pourquoi me montrer cela ? Un quatrième…

désorbitez-vous mes yeux… Cette lignée s'étendra donc jusqu'au craquement final du jugement ? Encore un autre… Un septième… je n'en veux plus voir… Et cependant un huitième apparaît ; il tient dans sa main un miroir, et j'y vois se dérouler un cortège sans fin où certains portent des globes géminés et des sceptres à trois fleurons… Horrible vision ! oh, maintenant je comprends… C'est donc vrai ; car voici venir Banquo tout éclaboussé de sang : il me sourit et me les désigne comme siens… Que cette heure mauvaise soit à jamais maudite dans la suite des heures… (*Les sorcières ont disparu.*) Entrez, vous qui êtes là dehors. (*Entre Lennox.*)

LENNOX. — Quel est le vouloir de votre grâce ?

MACBETH. — Avez-vous vu les sœurs mornes ?

LENNOX. — Non, Monseigneur.

MACBETH. — Ne passèrent-elles point près de vous ?

LENNOX. — Non en vérité, Monseigneur.

MACBETH. — Empesté soit l'air par lequel elles chevauchent ; damnés tous ceux qui se fient en elles… J'ai entendu le galop d'un cheval : qui cheminait de ce côté ?

LENNOX. — Deux ou trois, Monseigneur, vous portant des nouvelles : Macduff s'est enfui en Angleterre.

MACBETH. — En Angleterre ?

LENNOX. — Oui, mon bon Seigneur.

MACBETH. — Temps, tu préviens de terribles exploits. Le dessein n'est jamais atteint si tout de suite l'action ne le rejoint dans son vol. Dorénavant que le premier mouvement né dans mon cœur soit le premier mouvement de ma main. Pour couronner ma pensée par des actes, que l'acte s'identifie maintenant à la résolution. Je veux surprendre le château de Macduff, m'emparer de Fife, passer au fil de l'épée sa femme, ses petits enfants, et tous les êtres infortunés qui le suivent dans sa postérité. Pas de folle vantardise ! Cet acte, je veux l'exécuter avant que mon dessein n'ait eu le temps de se refroidir. – Mais, assez de pensées spéculatives. – Où sont ces gentilshommes; allons, conduisez-moi là où ils sont... (*Ils sortent.*)

SCÈNE II

Fife. Le château de Macduff
Entrent Lady Macduff, son Fils et Ross

LADY MACDUFF. — Qu'avait-il fait qui l'obligeât à fuir le pays?

ROSS. — Il vous faut avoir patience, Madame.

LADY MACDUFF. — Il n'en eut aucune : sa fuite n'était que folie. Lorsque nos actions ne nous rendent tels, de pareilles terreurs font de nous des traîtres.

ROSS. — Vous ne pouvez savoir si ce fut frayeur ou sagesse.

LADY MACDUFF. — Sagesse! Abandonner sa femme, abandonner ses enfants, sa maison, tous les titres à la place que lui-même déserte? Certes, il ne nous aime pas et manque de sentiments les plus humains; le pauvre passereau, le moindre des oiseaux défendra ses jeunes dans leur nid contre le busard. Non, tout cela n'est que frayeur, et rien n'est amour. Comme elle est petite cette sagesse où se rue la fuite contre toute raison!

ROSS. — Très chère cousine, je vous en prie, faites à vous-même la leçon. Pour ce qui est de votre mari, c'est une noble, sage et prudente personne; il connaît parfaitement les sursauts et les variations de l'heure présente. Je n'ose vous en dire plus; mais ces temps sont cruels où nous sommes tenus pour traîtres sans le savoir nous-mêmes, lorsque par commune renommée nous apprenons que nous sommes menacés, tout en ignorant précisément ce qui nous menace ; oui, nous flottons sur une mer sauvage et démontée qui nous balotte de-ci de-là et nous entraîne à la dérive. Je prends congé de vous, mais je ne tarderai guère avant de revenir ici ; les événements arrivés au pire doivent s'arrêter ou remonter leur cours. Mon gentil cousin, Dieu vous garde.

Lady Macduff. — Il a un père et cependant il est sans père.

Ross. — Je serais bien véritablement fou en demeurant plus longtemps ici ; ce séjour serait ma disgrâce et votre déconfort. Encore une fois, congé et adieu. (*Il sort.*)

Lady Macduff. — Petit malheureux, votre père est mort. Comment ferez-vous pour vivre maintenant ?

L'Enfant. — Comme les oiseaux, maman.

Lady Macduff. — Comment cela, de vers et de mouches ?

L'Enfant. — De ce que je trouverai, je pense ; ainsi font-ils.

Lady Macduff. — Pauvre oiseau, tu ne craindras donc jamais filet, ni glu, piège ou trébuchet ?

L'Enfant. — Pourquoi, maman ? Pour les pauvres oiseaux on ne les a pas mis. Mon papa n'est pas mort malgré ce que vous dites.

Lady Macduff. — Si, il est bien mort. Comment feras-tu pour avoir un autre papa ?

L'Enfant. — Mais, comment ferez-vous pour avoir un autre mari ?

Lady Macduff. — Je puis m'en acheter une vingtaine à n'importe quel marché.

L'Enfant. — Alors vous voulez en acheter pour revendre ?

Lady Macduff. — Tu parles avec tout ton esprit ; en vérité c'est assez d'esprit pour un enfant comme toi.

L'Enfant. — Maman, était-il traître mon papa ?

LADY MACDUFF. — Certes, il l'était.

L'ENFANT. — Qu'est-ce un traître?

LADY MACDUFF. — Mais celui qui a juré et menti.

L'ENFANT. — Sont-ils tous des traîtres ceux qui l'ont fait?

LADY MACDUFF. — Qui fait cela est traître et doit être pendu.

L'ENFANT. — Doivent-ils tous être pendus ceux qui jurent et mentent?

LADY MACDUFF. — Tous.

L'ENFANT. — Qui doit les pendre?

LADY MACDUFF. — Eh bien, les honnêtes gens.

L'ENFANT. — Alors ceux qui jurent et mentent sont fous; car menteurs et jureurs sont bien assez pour battre les honnêtes gens et les pendre.

LADY MACDUFF. — Dieu te garde, pauvre Marmot! Mais comment feras-tu pour avoir un père?

L'ENFANT. — S'il était mort vous pleureriez sur lui et si vous ne le faisiez pas, ce serait bon signe que j'aurais un nouveau papa.

LADY MACDUFF. — Pauvre jaseur, comme tu babilles! (*Entre un messager.*)

LE MESSAGER. — Dieu vous bénisse, belle dame! Je ne suis pas connu de vous, bien que je sois instruit de votre honorable état. Je crains que quelque danger n'approche de votre personne; si vous voulez prendre l'avis d'un simple homme, faites en sorte de ne pas être trouvée ici. Éloignez-vous avec vos petits. De vous apeurer de la sorte je me sens tout sauvage, et faire plus serait féroce cruauté; mais elle n'est que trop près de votre personne. Le ciel vous protège! Je n'ose rester plus longtemps. (*Il sort.*)

LADY MACDUFF. — Où fuir? Je n'ai pourtant fait tort à personne; mais je dois me souvenir que je suis dans ce terrestre monde où faire mal est souvent récompensé, faire bien réputé parfois dangereuse folie. Pourquoi alors dresser ma défense de femme et dire : je n'ai pourtant fait tort à personne ? Mais quels sont ces visages ? (*Des assassins entrent.*)

L'Assassin. — Où est votre mari ?

Lady Macduff. — Je l'espère en aucun lieu assez profané où tels que toi puissent le trouver.

L'Assassin. — C'est un traître !

L'Enfant. — Tu mens, vilain poilu.

L'Assassin. — Comment ? (*Le poignardant.*) Prends ça, avorton, graisse de trahison !

L'Enfant. — Il m'a tué ; maman, courez au loin ! (*Sort Lady Macduff, criant au meurtre ; les assassins la poursuivent.*)

Rideau

ACTE CINQUIÈME

SCÈNE PREMIÈRE

Dunsinane. Salle d'entrée du château

Entrent un Docteur en médecine et une dame du service de la reine.

LE DOCTEUR. — Voici deux nuits que je veille avec vous, mais je ne puis du tout voir de vérité en vos rapports. Quand est-ce, la dernière fois qu'elle a marché dans son sommeil ?

LA DAME. — C'est depuis que Sa Majesté est entrée en campagne, je l'ai vue se lever de son lit, jeter sa robe de nuit sur elle, tourner la clef de son secrétaire, y prendre du papier, le plier, y écrire, le lire, et après le sceller, et puis se remettre au lit, et tout cela étant plongée dans un très profond sommeil.

LE DOCTEUR. — C'est une grande perturbation en la nature que de recevoir tout ensemble le bénéfice du sommeil et d'accomplir les effets de la veille. En cette somnolente agitation, parmi ce qu'elle marchait, et autres actions véritables, que lui avez-vous, en aucun temps, ouï dire ?

LA DAME. — Des paroles, monsieur, que je ne veux point rapporter sur elle.

LE DOCTEUR. — Vous le pouvez, à ma personne, et il convient bien que vous le fassiez.

LA DAME. — Ni à vous, ni à personne d'autre, n'y ayant point de témoin pour confirmer mon langage. (*Entre Lady*

Macbeth, un flambeau à la main.) Hélas ! la voici venir. Tenez, c'est tout juste ainsi, et, sur ma vie, elle est dans le plus profond sommeil. Notez-la ; tenez-vous près.

LE DOCTEUR. — D'où a-t-elle cette lumière ?

LA DAME. — Mais c'est celle qui était auprès d'elle ; elle a une lumière, auprès d'elle, toujours ; c'est son ordre.

LE DOCTEUR. — Vous voyez bien qu'elle a les yeux ouverts.

LA DAME. — Oui, mais leur sens est clos.

LE DOCTEUR. — Qu'est-ce donc qu'elle fait maintenant ? Voyez, comme elle se frotte les mains.

LA DAME. — C'est toute son action habituelle, d'ainsi sembler se laver les mains ; je l'ai vue continuer de la sorte bien un quart d'heure.

LADY MACBETH. — Encore une tache… là.

LE DOCTEUR. — Chut. La voilà qui parle. Je veux noter tout ce qui sort de sa bouche, afin d'assurer plus fortement ma mémoire.

LADY MACBETH. — Va-t-en, infernale tache ! Va-t-en ! Entends-tu ? Une… Deux… Quoi… Eh bien, c'est l'heure… allons… L'enfer est obscur. Fi, Monseigneur, fi ! Pour un soldat… et avoir peur ? Pourquoi aurions-nous peur, qui le saura ? Quand personne ne peut demander compte à notre autorité. Ah, qui aurait cru qu'un si vieil homme avait tant de sang dans les veines ?

LE DOCTEUR. — Remarquez-vous ceci ?

LADY MACBETH. — Le captal de Fife avait une femme… où est-elle maintenant ? Quoi, jamais ces mains ne seront-elles blanches ? Jamais plus ! Monseigneur ! Jamais plus ! Vous perdez tout par ces sursauts.

LE DOCTEUR. — Allez, allez. Vous, vous avez su ce que vous n'auriez point dû.

LA DAME. — Elle a dit ce qu'elle n'aurait point dû, cela, j'en suis bien sûre. Le ciel sait ce qu'elle a su !

LADY MACBETH. — Voilà l'odeur du sang… toujours… À cette petite main tous les parfums de l'Arabie ne pourront donner leur senteur. Oh ! oh ! oh !

LE DOCTEUR. — Quel grand soupir c'est là. Le cœur est grièvement chargé.

LA DAME. — Je ne voudrais pas avoir ce cœur-là dans mon sein pour l'honneur de tout mon corps.

LE DOCTEUR. — C'est bien… c'est bien… c'est bien.

LA DAME. — Il faut en prier Dieu, Monsieur.

LE DOCTEUR. — Cette souffrance-là passe mon expérience ; pourtant j'ai vu des personnes qui marchaient dans leur sommeil, et qui sont mortes dans leurs lits, bien saintement.

LADY MACBETH. — Lavez vos mains ; mettez votre robe de nuit ; ne prenez pas l'air si pâle. Puisque je vous le dis encore, Banquo est en terre ; il ne peut pas venir sur sa tombe.

LE DOCTEUR. — C'est donc cela !

LADY MACBETH. — Au lit ! au lit ! On frappe à la porte : allons, allons, allons, allons, donnez-moi la main. Ce qui est fait, est fait. Au lit, au lit, au lit.

LE DOCTEUR. — Et maintenant, elle va se mettre au lit ?

LA DAME. — Dans l'instant.

LE DOCTEUR. — Le monde est plein de bruits sinistres ; d'œuvres hors nature naissent des maux hors nature ; l'âme touchée de contagion veut confesser son secret à l'oreiller qui est sourd. Elle a plus besoin de prêtre que de médecin. Mon Dieu ! Mon Dieu, pardonne-nous, à tous ! Veillez sur elle. Ôtez-lui tous moyens de se nuire, gardez sur elle les yeux ouverts. Et donc bonne nuit. Elle a maté ma raison et stupéfait mes yeux. J'ai ma pensée, mais je n'ose la dire.

LA DAME. — Bonne nuit, bon docteur. (*Ils sortent.*)

SCÈNE II

Le pays près de Dunsinane

Entrent, avec tambours et étendards, Menteth, Cathness, Angus, Lennox et des soldats.

MENTETH. — Les forces anglaises sont proches, conduites par Malcolm, son oncle Siward et le brave Macduff. Vengeance brûle en eux. Pour leur chère cause, l'homme mort à toutes passions serait lui-même poussé à la sanglante et hideuse charge.

ANGUS. — Proche la forêt de Birnam nous les rencontrerons bien ; c'est par ce chemin qu'ils viennent.

CATHNESS. — Qui sait si Donalbain est avec son frère ?

LENNOX. — C'est certain, Messire, il n'y est pas. J'ai le rôle de tous les gentilshommes ; il y a le fils de Siward et beaucoup d'autres jeunes barbes qui, pour la première fois, prouveront leur virilité.

MENTETH. — Que fait le tyran ?

CATHNESS. — Il empare fortement le grand Dunsinane. Quelques-uns disent que c'est folie ; d'autres, qui le haïssent moins, appellent cela vaillante furie ; mais pour certain, il ne peut boucler sa cause désemparée dans le ceinturon de règle.

ANGUS. — Maintenant il sent ses meurtres secrets coller à ses mains ; maintenant, à chaque minute, des révoltes réprouvent sa foi brisée. Ceux qu'il commande se meuvent seulement par commandement, nullement par amour. Il sent maintenant sa dignité relâchée pendre autour de lui comme la robe d'un géant sur les épaules d'un voleur pygmée.

MENTETH. — Qui donc blâmerait le recul et l'éveil de ses sens, quand tout son être se condamne de se retrouver en lui ?

CATHNESS. — Allons, marchons pour prêter obéissance là où est due féauté ; trouvons le médecin de notre siècle malade et avec lui, pour purger notre pays, versons toutes les gouttes de notre sang.

LENNOX. — Du moins le nécessaire pour arroser la fleur souveraine et noyer l'herbe maligne. Marchons sur Birnam. (*Ils sortent en troupe.*)

SCÈNE III

Dunsinane. — Une salle du château
Entrent Macbeth, le Médecin et serviteurs

MACBETH. — Qu'on ne m'apporte plus de nouvelles ; laissez aller. Tant que la forêt de Birnam ne marchera contre Dunsinane, nulle peur ne saurait me faire blémir. Qu'est-ce que l'enfant Malcolm ? N'est-il pas né d'une femme ? Les esprits qui connaissent toutes conséquences mortelles ont prononcé sur moi : "N'aie crainte, Macbeth ; jamais homme né d'une femme n'aura puissance sur toi". Fuyez donc, faux capitaines et mêlez-vous aux sybarites anglais ; jamais le doute ne ruera bas, jamais la peur n'ébranlera l'âme qui m'emplit et le cœur que je porte ! (*Entre un serviteur.*) Le diable puisse noircir ta face de crême, brute ! Que veut cet air d'oie effarée ?

LE SERVITEUR. — Il y a dix mille…

MACBETH. — Oisons, coquin ?

LE SERVITEUR. — Soldats, sire.

MACBETH. — Allons, le couteau à la figure ! Mets un pouce de rouge à ta peau, pauvret au foie blanc ! Quels soldats, chiffe molle ? Mort de ton âme ! Les joues de linge pâle que tu portes sont conseillères de peur. Quels soldats, visage de farine ?

LE SERVITEUR. — Les forces anglaises, plaise à Votre Grâce…

MACBETH. — Ôte ta figure d'ici. (*Le serviteur sort.*) Seyton, je me sens percé au cœur, Seyton, ai-je dit, ce coup me remet à jamais, ou me défait. J'ai assez vécu ; la route de ma vie tourne vers l'automne et se jonche de feuilles mortes ; toutes choses de l'âge mûr, honneur, amour, obéissance, compagnie d'amis, ne seront plus pour moi ; mais, à la place, des malédictions, non point à voix haute mais profondes, l'honneur rendu des lèvres et du souffle, en dépit du pauvre cœur qui n'ose le dénier. (*Entre Seyton.*)

SEYTON. — Quel est votre gracieux plaisir ?

MACBETH. — Quoi d'autre ?

SEYTON. — Tout se confirme, monseigneur, sur les premiers rapports.

MACBETH. — Je me battrai jusqu'à ce qu'on me hache la chair des os. Donne-moi mon armure.

SEYTON. — Il n'en est point besoin encore.

MACBETH. — Je veux la mettre. Qu'on envoie des chevaux, qu'on batte la contrée à la ronde ; qu'on pende tous ceux qui parlent de peur. Donne-moi mon armure. Comment va votre malade, docteur ?

LE DOCTEUR. — Ce n'est point tant la maladie, sire, que l'inquiétude des fantaisies qui l'oppressent, et empêchent son repos.

MACBETH. — Alors, guéris-la ! Ne sais-tu pas traiter le mal de l'esprit, arracher de la mémoire les racines de la peine, effacer les soucis gravés au cerveau, et par un doux contre-poison d'oubli nettoyer la poitrine de ce bourrage dont le cœur étouffe ?

LE DOCTEUR. — Il faut, là-dessus, que le malade s'aide lui-même.

MACBETH. — Les potions aux chiens ! Je n'en veux pas. Allons, mets-moi mon armure ! Mon bâton de commandement! Seyton, les éclaireurs. Docteur, les capitaines m'abandonnent. Allons, monsieur, hâtez-vous. Si tu pouvais, docteur, mirer le purin de mon royaume, diagnostiquer son mal, le purger et lui rendre son antique santé, je clamerais ta gloire aux échos qui la clameraient encore. Allons, voyons, tire plus fort. Quelle rhubarbe, quel séné, ou quelle drogue purgative ferait bien place nette des Anglais? On te l'a dit qu'ils sont là?

LE DOCTEUR. — Oui bien, mon bon seigneur; vos royaux préparatifs nous en disent quelque chose.

MACBETH. — Tu l'apportes derrière moi. Je ne crains ni mort ni charme, jusqu'à ce que la forêt de Birnam marche vers Dunsinane. (*Il sort.*)

LE DOCTEUR. — Si je pouvais me tirer sauf de Dunsinane, ni or ni argent ne m'y feraient revenir jamais! (*Il sort.*)

SCÈNE IV

La région proche Dunsinane
Une forêt à l'horizon

Entrent, avec tambours et étendards, Malcolm, le vieux Siward et son fils, Macduff, Menteth, Cathness, Angus, Lennox, Ross et soldats en marche.

MALCOLM. — Cousin, j'espère proches ces jours où nos demeures seront sauves.

MANTETH. — Nous n'en doutons nullement.

SIWARD. — Quelle forêt est devant nous?

MANTETH. — La forêt de Birnam.

MALCOLM. — Que chaque soldat y taille une branche d'arbre et la porte devant lui; ainsi nous ombragerons le nombre de notre ost et introduirons en erreur les épieurs ennemis.

LES SOLDATS. — Ainsi soit fait.

SIWARD. — Nous sommes instruits que le confiant tyran tient toujours Dunsinane et prêt à subir notre siège.

MALCOLM. — C'est son suprême espoir ; là où l'occasion s'offrait avantageuse, petits et grands lui ont fait défection. Et nul ne le sert que des êtres contraints dont les cœurs sont absents.

MACDUFF. — Nos justes censures attendront l'infaillible événement ; usons d'abord de l'art industrieux de guerre.

SIWARD. — Le temps approche dont l'inéluctable décision nous fera connaître notre doit et avoir. Les pensées spéculatives reflètent d'incertaines espérances ; l'issue certaine est arbitrée par les coups. Et pour ce, précipitons la guerre. (*Ils sortent, en marche.*)

SCÈNE V

Dunsinane. — Dans le château

Entrent, avec tambours et étendards, Macbeth, Seyton et des soldats.

MACBETH. — Déployez nos bannières sur les courtines extérieures ; le cri est toujours : ils viennent ! Notre château fort se rit d'un siège. Qu'ils couchent ici jusqu'à ce que faim et fièvre les dévorent ! S'ils n'étaient grossis de ceux qui devraient être des nôtres, nous aurions pu les rencontrer hardiment, barbe à barbe, les pousser jusque chez eux… Quel est ce bruit ?

SEYTON. — Cri de femme, mon bon seigneur. (*Il sort.*)

MACBETH. — J'ai presque oublié la saveur des craintes. Un temps fut où mes sens se seraient glacés ouissant quelque cri nocturne, où mes cheveux se dressaient au moindre récit d'épouvante, comme si une vie intérieure les agitait. J'ai mon soûl d'horreurs. Et terreur familière à mes pensées sanglantes, ne peut plus m'ébranler… Pourquoi ce cri ? (*Seyton rentre.*)

SEYTON. — La reine est morte, Monseigneur.

MACBETH. — Elle aurait dû mourir plus tard. Il y aurait toujours eu un temps pour un tel mot… Demain, puis demain, demain encore se glisse à petits pas, un jour après l'autre, jusqu'à l'ultime syllabe du livre de vie ; et tous nos hiers ont seulement éclairé pour des fous le chemin de la poussiéreuse mort. Éteins-toi, éteins-toi, petite flamme. La vie, une ombre errante ; un pauvre comédien qui se gonfle et s'agite, un instant, sur l'estrade et qu'on n'écoute déjà plus ; un conte débité par un idiot plein de bruit et de furie, un conte dénué de sens. (*Entre un messager.*) Tu viens pour user ta salive ? ton histoire, vite !

LE MESSAGER. — Mon gracieux seigneur, je devrais bien rapporter ce que j'affirme avoir vu, mais je ne sais comment le faire.

MACBETH. — Eh bien parlez, monsieur.

LE MESSAGER. — Comme je montais ma garde sur la colline, je regardais vers Birnam ; et tout à coup il me sembla que la forêt se prenait à remuer.

MACBETH. — Menteur et esclave ! (*Il le bat.*)

LE MESSAGER. — Que je souffre votre colère si cela n'est pas ! À trois mille d'ici vous pouvez la voir venir : je le dis, une forêt qui marche…

MACBETH. — Si tu parles faussement, à l'arbre le plus proche tu seras attaché vivant jusqu'à ce que la faim te dessèche ; si ton rapport est véritable, je n'ai cure que tu me rendes la pareille. Ma résolution se brise ; je commence à douter de l'équivoque du démon menteur lorsqu'il dit en vérité : "N'aie crainte jusqu'à ce que la forêt de Birnam vienne à Dunsinane". Et maintenant une forêt marche vers Dunsinane… Aux armes ! aux armes ! Tout le monde dehors ! Si ce qu'il affirme est vérifié, il n'y a plus ici ni fuite ni séjour. Que je suis las de ce soleil ; et comme je voudrais le monde anéanti à cette heure. Sonnez la cloche d'alarme. Souffle tempête ! Accours destruction ! Mais s'il faut mourir. mourons le harnois au dos !

SCÈNE VI

Une plaine devant le château

Entrent avec tambours et étendards, Malcolm, Macduff, etc. et leurs soldats portant des branches.

MALCOLM. — Maintenant, c'est assez près ; à terre vos écrans feuillus, et montrez-vous ce que vous êtes… Vous, digne oncle, devez, avec votre très noble fils, mon cousin, conduire notre première bataille ; le digne Macduff et nous-mêmes prenons sur nous le reste, ainsi sera fait selon notre ordonnance.

SIWARD. — Adieu ! Ce soir nous rencontrerons les forces du tyran : soyons défaits si nous ne savons le combattre.

MACDUFF. — Faites clamer toutes nos trompettes ; et qu'elles sonnent toutes, retentissants hérauts de sang et de mort. (*Ils sortent ; alarmes prolongées.*)

SCÈNE VII

Une autre partie de la plaine
Les mêmes — Entre Macbeth

MACBETH. — Ils m'ont fiché à un pieu ; impossible de fuir ; comme l'ours acculé dans la lice, je dois combattre… Quel est celui qui n'est pas né de femme : celui-là je dois le redouter en personne. (*Entre le jeune Siward.*)

LE JEUNE SIWARD. — Quel est ton nom ?

MACBETH. — Tu serais effrayé de l'entendre.

LE JEUNE SIWARD. — Non pas, quand tu t'appellerais d'un nom plus brûlant que tous les noms de l'enfer.

MACBETH. — Mon nom est Macbeth.

LE JEUNE SIWARD. — Le diable lui-même ne pourrait prononcer un titre plus odieux à mon oreille.

MACBETH. — Ni plus redoutable.

LE JEUNE SIWARD. — Tu mens, détestable tyran ! de mon épée je ferai la preuve du mensonge que tu profères. (*Ils se battent et le jeune Siward est tué.*)

MACBETH. — Tu étais né de femme… je souris aux épées et me moque d'armes brandies par tout homme né de femme. (*Il sort ; alarmes ; entre Macduff.*)

MACDUFF. — La noise est de ce côté… Tyran montre ta face ! Si tu es tué d'une autre main que de la mienne, les spectres de ma femme et de mes enfants me hanteront toujours. Je ne puis frapper de misérables goujats dont les bras sont bons à porter seulement des vouges ; que ce soit toi, Macbeth, autrement je rengainerai mon épée inutile avec son tranchant vierge. Tu dois être par ici… ce grand cliquetis dénonce très notable personne. Que je le trouve, Fortune, je ne demande rien de plus. (*Il sort, alarmes. Entrent Malcolm et le vieux Siward.*)

SIWARD. — Par ici, Monseigneur. Le château s'est rendu sans résistance ; les gens du tyran combattent des deux côtés ; les nobles capitaines se conduisent bravement ; déjà la journée s'annonce d'elle-même vôtre ; c'est peu de la parachever.

MALCOLM. — Nous avons rencontré des ennemis qui frappent à côté de nous.

SIWARD. — Entrons, Seigneur, dans le château. (*Ils sortent ; alarmes. Rentre Macbeth.*)

MACBETH. — Pourquoi jouer au fou Romain ? pourquoi mourir sur ma propre épée ? Tant que je verrai des hommes, j'estime les estafilades de plus certain effet sur eux. (*Rentre Macduff.*)

MACDUFF. — Retourne-toi, chien d'enfer, retourne-toi.

MACBETH. — De tous les hommes, c'est toi seul que j'ai voulu éviter. Hors de ma route ! mon âme est déjà trop lourde du sang des tiens.

MACDUFF. — Assez bavardé ; mon épée parlera pour moi, scélérat plus sanglant, scélérat que les mots ne peuvent dire ! (*Ils se battent.*)

MACBETH. — Temps perdu. Il serait plus facile pour toi de marquer l'air insaisissable de l'empreinte de ton épée que de verser mon sang. Ta lame peut s'abattre sur des cimiers vulnérables ; moi je porte une vie enchantée qui ne doit pas céder au pouvoir d'homme né de femme.

MACDUFF. — Désespère de ton charme. Que l'ange que tu as toujours servi te l'apprenne : Macduff fut arraché avant terme du ventre de sa mère.

MACBETH. — Maudite la langue qui parle ainsi ! Elle a ruiné le meilleur de moi-même ; qu'ils demeurent sans créance ces dupeurs de diables qui équivoquent à mots doubles et couverts, gardant pour notre oreille parole de promesse, et la violant pour notre espoir… Je ne me battrai pas avec toi.

MACDUFF. — Alors, rends-toi, lâche, et vis pour être le spectacle et l'étonnement du siècle. Nous verrons, comme de nos plus insignes monstres, ton effigie peinte au sommet d'un poteau, et dessous l'inscription : *Ici on peut voir le tyran.*

MACBETH. — Me rendre, jamais ! je ne baiserai pas la terre devant les pieds du jeune Malcolm, poursuivi des malédictions harcelantes de la canaille. Bien que la forêt de Birnam soit venue à Dunsinane et que n'étant pas né de femme, tu te dresses mon adversaire, je risquerai mon dernier coup. J'étends mon écu de guerre devant moi : charge Macduff et damné qui le premier criera : "Arrête ! Assez !" (*Ils sortent en se battant. Retraite. Fanfares. Entrent avec tambours et étendards Malcolm, le vieux Siward, Ross, Lennox, Angus, Cathness, Menteth et soldats.*)

MALCOLM. — Si les amis qui nous manquent pouvaient être saufs !

SIWARD. — C'est nécessité d'en perdre. Cependant, par ceux que je vois ici, j'estime un si grand jour acheté à bon compte.

MALCOLM. — Macduff manque et votre noble fils.

ROSS, *à Siward.* — Votre fils, Milord, a payé la dette de soldat. Il a assez vécu pour être un homme ; aussitôt sa prouesse l'eut-elle confirmé dans cet intrépide état qu'en homme il mourut.

SIWARD. — Il est donc mort ?

ROSS. — Oui, et emporté du champ de bataille. Votre cause de douleur ne peut être mesurée à sa valeur, car elle serait alors sans limite.

SIWARD. — Ses blessures du moins les a-t-il reçues par-devant ?

ROSS. — Oui, de front.

SIWARD. — Qu'il soit alors soldat de Dieu! Eussé-je autant de fils que j'ai de cheveux, je ne leur souhaiterais pas plus belle mort. Et voilà son glas sonné.

MACDUFF. — Il mérite plus de regrets; il les aura de moi.

SIWARD. — Il ne mérite pas plus. Comme on dit : il est bien parti et a payé son écot. Et ainsi Dieu soit avec lui… mais voilà venir un nouveau réconfort. (*Rentre Macduff avec la tête de Macbeth sur un pieu.*)

MACDUFF. — Salut, roi, car tu l'es! Voyez où se dresse la tête maudite de l'usurpateur. Notre ère est libre. Je te vois entouré des perles de ta couronne; et, tandis que tous répètent mon salut dans leurs cœurs, moi je les invite à crier bien haut : "Salut, roi d'Écosse".

Tous. — Roi d'Écosse, salut! (*Fanfares.*)

MALCOLM. — Il ne convient pas de faire grand délai sans reconnaître dûment vos fidélités particulières et nous acquitter envers vous. Mes capitaines et cousins, soyez comtes : les premiers que jamais l'Écosse nomme à tel honneur. Que reste-t-il encore pour rétablir dans son principe notre état? rappeler les bannis, fuyant au loin les pièges d'une soupçonneuse tyrannie; procéder contre les ministres du défunt boucher et de sa démoniaque reine, qui, suivant commune renommée, s'est de ses propres mains arraché violemment la vie. Ces choses et autres nécessaires nous sollicitant, nous les accomplirons par la grâce de Dieu, avec mesure, en temps et lieu. Sur ce, merci à tous et à chacun. Nous vous invitons à notre couronnement à Scone. (*Fanfares ; ils sortent.*)

Rideau

Dans la collection Les Cahiers Rouges

Andreas-Salomé Lou : *Friedrich Nietzsche à travers ses œuvres*
Anthologie : *Napoléon raconté par ceux qui l'ont connu* ▪ *Le Cahier Rouge des chats*
Arbaud Joseph d' : *La Bête du Vaccarès*
Audiberti Jacques : *Les Enfants naturels* ▪ *L'Opéra du monde*
Audoux Marguerite : *Marie-Claire suivi de l'Atelier de Marie-Claire*
Augiéras François : *L'Apprenti sorcier* ▪ *Domme ou l'essai d'occupation* ▪ *Un voyage au mont Athos* ▪ *Le Voyage des morts*
Aymé Marcel : *Clérambard* ▪ *Vogue la galère*
Barbey d'Aurevilly Jules : *Les Quarante médaillons de l'Académie*
Baudelaire Charles : *Lettres inédites aux siens*
Bayon : *Haut fonctionnaire*
Bazin Hervé : *Vipère au poing*
Beck Béatrix : *La Décharge* ▪ *Josée dite Nancy* ▪ *L'enfant chat*
Becker Jurek : *Jakob le menteur*
Beerbohm Max : *L'Hypocrite heureux*
Begley Louis : *Une éducation polonaise*
Benda Julien : *Tradition de l'existentialisme* ▪ *La Trahison des clercs*
Berger Yves : *Le Sud*
Berl Emmanuel : *La France irréelle* ▪ *Méditation sur un amour défunt* ▪ *Rachel et autres grâces* ▪ *Les Impostures de l'histoire*
Berl Emmanuel, **Ormesson** Jean d' : *Tant que vous penserez à moi*
Bernard Tristan : *Mots croisés*
Besson Patrick : *Les Frères de la consolation*
Bibesco Princesse : *Catherine-Paris* ▪ *Le Confesseur et les poètes*
Bierce Ambrose : *Histoires impossibles* ▪ *Morts violentes*
Bodard Lucien : *La Vallée des roses*
Bosquet Alain : *Une mère russe*
Brenner Jacques : *Les Petites filles de Courbelles*
Breton André, **Deharme** Lise, **Gracq** Julien, **Tardieu** Jean : *Farouche à quatre feuilles*
Brincourt André : *La Parole dérobée*
Bukowski Charles : *Au sud de nulle part* ▪ *Factotum* ▪ *L'amour est un chien de l'enfer t1* ▪ *L'amour est un chien de l'enfer t2* ▪ *Le Postier* ▪ *Souvenirs d'un pas grand-chose* ▪ *Women* ▪ *Nouveaux Contes de la folie ordinaire* ▪ *Hollywood* ▪ *Je t'aime, Albert* ▪ *Journal d'un vieux dégueulasse*
Burgess Anthony : *Pianistes* ▪ *Mais les blondes préfèrent-elles les hommes ?*
Butor Michel : *Le Génie du lieu*
Caldwell Erskine : *Une lampe, le soir...*
Calet Henri : *Contre l'oubli* ▪ *Le Croquant indiscret*
Capote Truman : *Prières exaucées*
Carossa Hans : *Journal de guerre*
Cendrars Blaise : *Hollywood, La Mecque du cinéma* ▪ *Moravagine* ▪ *Rhum, l'Aventure de Jean Galmot* ▪ *La Vie dangereuse*
Cézanne Paul : *Correspondance*
Chamson André : *L'Auberge de l'abîme* ▪ *Le Crime des justes*
Chardonne Jacques : *Ce que je voulais vous dire aujourd'hui* ▪ *Claire* ▪ *Lettres à Roger Nimier* ▪ *Propos comme ça* ▪ *Les Varais* ▪ *Vivre à Madère*
Charles-Roux Edmonde : *Stèle pour un bâtard*
Châteaubriant Alphonse de : *La Brière*
Chatwin Bruce : *En Patagonie* ▪ *Les Jumeaux de Black Hill* ▪ *Utz* ▪ *Le Vice-roi de Ouidah* ▪ *Le Chant des pistes*
Chessex Jacques : *L'Ogre*
Claus Hugo : *La Chasse aux canards*

Sachs Maurice : *Au temps du Bœuf sur le toit*
Sackville-West Vita : *Au temps du roi Edouard*
Sainte-Beuve : *Mes chers amis...*
Sainte-Soline Claire : *Le Dimanche des rameaux*
Saint Jean Robert de : *Journal d'un journaliste* ▪ *Passé pas mort*
Shakespeare William : *Macbeth, traduit par Marcel Schwob* ▪ *Parle plus bas si c'est d'amour*
Schneider Peter : *Le Sauteur de mur*
Schoendoerffer Pierre : *L'Adieu au roi*
Sciascia Leonardo : *L'Affaire Moro* ▪ *Du côté des infidèles* ▪ *Pirandello et la Sicile*
Semprun Jorge : *Quel beau dimanche*
Serge Victor : *Les Derniers temps* ▪ *S'il est minuit dans le siècle*
Sieburg Friedrich : *Dieu est-il Français ?*
Silone Ignazio : *Fontarama* ▪ *Le Secret de Luc* ▪ *Une poignée de mûres*
Soljenitsyne Alexandre : *L'Erreur de l'Occident*
Soriano Osvaldo : *Jamais plus de peine ni d'oubli* ▪ *Je ne vous dis pas adieu...* ▪ *Quartiers d'hiver*
Soupault Philippe : *Poèmes et poésies*
Stéphane Roger : *Chaque homme est lié au monde* ▪ *Portrait de l'aventurier*
Suarès André : *Vues sur l'Europe*
Thailade Laurent : *Fête antionale et autres poèmes*
Teilhard de Chardin Pierre : *Ecrits du temps de la guerre 1916-1919* ▪ *Genèse d'une pensée* ▪ *Lettres de voyage*
Theroux Paul : *La Chine à petite vapeur* ▪ *Patagonie Express* ▪ *Railway Bazaar* ▪ *Voyage excentrique et ferroviaire autour du Royaume-Uni*
Twain Marc : *Quand Satan raconte la terre au Bon Dieu*
Vailland Roger : *Bon pied bon œil* ▪ *Les Mauvais coups* ▪ *Le Regard froid* ▪ *Un jeune homme seul* ▪ *Les Liaisons dangereuses ou La vertu des libertins*
Van Gogh Vincent : *Lettres à son frère Théo* ▪ *Lettres à Van Rappard*
Vasari Giorgio : *Vies des artistes* ▪ *Vies des artistes, II*
Vercors : *Sylva*
Verlaine Paul : *Choix de poésies*
Vitoux Frédéric : *Bébert, le chat de Louis-Ferdinand Céline*
Vollard Ambroise : *En écoutant Cézanne, Degas, Renoir*
Vonnegut Kurt : *Galápagos* ▪ *Barbe-Bleue*
Wassermann Jakob : *Gaspard Hauser ou la pareses du coeur*
Webb Mary : *Sarn*
White Kenneth : *Lettres de Gourgounel* ▪ *Terre de diamant*
Whitman Walt : *Feuilles d'herbe*
Wilde Oscar : *Aristote à l'heure du thé* ▪ *L'Importance d'être Constant*
Wittig Monique et **Zeig** Sande : *Brouillon pour un dictionnaire des amantes*
Wolfromm Jean-Didier : *Diane Lanster* ▪ *La Leçon inaugurale*
Zola Émile : *Germinal*
Zola Émile, **Alexis** Paul, **Céard** Henry, **Hennique** Léon, **Huysmans** JK, **Maupassant** Guy de : *Les Soirées de Médan*
Zweig Stefan : *Brûlant secret* ▪ *Le Chandelier enterré* ▪ *Erasme* ▪ *Fouché* ▪ *Marie Stuart* ▪ *Marie-Antoinette* ▪ *La Peur* ▪ *La Pitié dangereuse* ▪ *Souvenirs et rencontres* ▪ *Un caprice de Bonaparte*

*Cet ouvrage a été imprimé
par la Nouvelle Imprimerie Laballery
pour le compte des Éditions Grasset
en février 2016.*

Composition réalisée par Belle Page

N° d'édition : 19254 – N° d'impression : 2012977
Dépôt légal : février 2016
Imprimé en France